La neuropsychanalyse

Enjeux théoriques et pratiques

Serafino Malaguarnera

ISBN: 1546515534
ISBN-13: **978-1546515531**

Table des matières

Chapitre II

Enjeux théoriques

Chapitre III

Paysage francophone

Chapitre IV

Enjeux pratiques

Présentation

Notre précédent ouvrage « *Dictionnaire de neuropsychanalyse* » s'était donné comme but de combler le peu de connaissances des études et recherches issues du domaine de cette nouvelle approche dans le paysage de la psychanalyse francophone grâce à une présentation de plus de 500 entrées qui se réfèrent directement ou indirectement à la *neuropsychanalyse*. Le présent ouvrage, comme le précédent, se propose également de stimuler la curiosité du lecteur envers la neuropsychanalyse qui présente et recherche des concepts permettant le dialogue et l'intégration entre des disciplines aux approches différentes, notamment entre la psychanalyse et les neurosciences.

Cependant, le présent ouvrage veut surtout répondre aux questions suivantes : quels sont les enjeux d'un rapprochement entre psychanalyse et neurosciences, que ce soit sur un plan épistémologique ou pragmatique ? Que peuvent s'apporter ces deux domaines de recherche considérés comme incommensurables ? Quel est l'intérêt d'utiliser le mot « neuropsychanalyse » ?

Le dessin de la couverte de cet ouvrage sera le fil conducteur des différents chapitres. Au cœur du diagramme, il y a un concept auquel nous voulons accorder une grande importance, celui de « coexistence », notamment le développement de plusieurs programmes de recherche au sein de la psychanalyse. La neuropsychanalyse participe d'une manière décisive à cette pluralité. Nous soutenons l'idée que l'avenir de la psychanalyse dans le paysage francophone dépendra de la manière de concevoir ce concept de « coexistence ».

Quand nous projetons la psychanalyse dans l'avenir, nous aimons revoir les mêmes modalités d'existence qui la faisait rayonner dans les années soixante et septante, notamment une vive capacité à interroger les propres notions d'un point de vue clinique et conceptuel et à s'engager à des échanges avec la philosophie, la sociologie, les lettres, les sciences humaines ainsi qu'avec le monde du cinéma et de l'art. À présent, nous ajoutons à ces différents domaines celui des neurosciences. La neuropsychanalyse est une nouvelle approche qui permet le dialogue et les échanges entre la psychanalyse et les neurosciences. Certes, cette approche ne suffit pas à elle toute seule à redynamiser la psychanalyse, car elle s'inscrit dans une *coexistence* de programmes de recherche que notre diagramme visualise et que nous allons développer tout au long de cet ouvrage.

Chapitre I
L'intérêt du mot
« neuropsychanalyse »

Introduction

Depuis plus d'une décennie, on voit surgir une grande quantité de mots formés à l'aide du préfixe « neuro ». Il suffit d'évoquer quelques exemples pour s'en rendre compte : neuro-philosophie, la neuroesthétique, la neurothéologie, la neuroéconomie et la neuroéducation. À cette liste, nous devons également ajouter maintenant la «neuropsychanalyse». On a souvent évoqué « l'effet de mode » qui pourrait expliquer la prolifération de ces néologismes. Autrement dit, ne pas apparaître avec le préfixe « neuro » ferait passer le message d'« être dépassé, ne plus être à jour ». L'ajout de ce préfixe renforcerait également l'idée de scientificité et donc augmenterait la possibilité de n'être pas exclue du cercle de la connaissance de plus en plus chapeauté par les neurosciences. Dans le cas spécifique de la psychanalyse, l'ajout du préfixe « neuro » a été quelquefois interprété comme une volonté de freiner son déclin qui a commencé avec la montée des neurosciences.

Avant tout, les avancées dans le domaine des neurosciences ont atteint un tel niveau de précision et de connaissance qu'il est difficile de concevoir une branche de l'esprit humain qui ne tienne absolument pas compte de ces avancées. Ce serait presque une perte de temps vouloir montrer le niveau de précision d'enquête et de connaissance des neurosciences. À ce stade, il est plus utile de voir comment une branche du savoir qui s'occupe de l'esprit humain peut tenir compte des neurosciences et dans quelle mesure l'ajout du préfixe « neuro » est justifié. Voyons cela dans le cas spécifique de la psychanalyse.

Les débuts de la psychanalyse

Si nous regardons de plus près l'histoire de la psychanalyse, il ne faut pas attendre les avancées récentes des neurosciences pour retrouver un intérêt de la psychanalyse envers celles-ci. Il suffit d'évoquer plusieurs moments dans certains écrits de Freud où apparaissent des références à la biologie. Cependant, mise à part l'*Esquisse pour une psychologie scientifique* où Freud présente un véritable ouvrage neuroscientifique, les références aux neurosciences sont peu fréquentes. À vrai dire,

Freud avait eu le souhait de rapprocher la psychanalyse à la biologie de l'esprit. Il a dû l'abandonner parce que les découvertes et les technologies de l'époque ne le permettaient pas. Mais c'est un abandon momentané pour faciliter le développement de la psychanalyse parce que Freud envisageait que ce souhait serait repris un jour lorsque les progrès dans le domaine de la neurobiologie permettraient de le réaliser. Freud abandonne ce projet, mais il maintient un intérêt pour la biologie de l'esprit. Dès la naissance de la psychanalyse, il y a bien deux attitudes envers la biologie de l'esprit. L'une serait de vouloir rapprocher la psychanalyse à la biologie de l'esprit et l'autre serait de tenir compte de certaines avancées de ce domaine scientifique pour appuyer une élaboration théorique de la psychanalyse. En revanche, une attitude d'indifférence est exclue. Pendant plusieurs décennies, le souhait de Freud ne refait plus surface et les références à la biologie de l'esprit sont évoquées de temps en temps par certains psychanalystes. En attendant, les neurosciences progressent et commencent à utiliser des technologies qui affinent les recherches. Les résultats sont éloquents. Le comportementalisme se voit dépassé par les sciences cognitives qui font directement référence aux neurosciences. Elles rivalisent ouvertement contre la psychanalyse qui n'aurait aucune base scientifique et ne serait appuyée par aucune donnée des neurosciences. Si à la naissance de la psychanalyse, la biologie de l'esprit pouvait être un allié, elle apparaît dorénavant comme un redoutable ennemi. L'impact sur la psychanalyse ne tarde pas à montrer ses effets : sa notoriété dans les milieux universitaires diminue ainsi que le nombre de patients. Ainsi, qu'on le veuille ou pas, les neurosciences obligent au moins une partie de la communauté psychanalytique à s'y intéresser, bien que la plupart des psychanalystes ne se sentent pas concernés, car ils voient dans cette menace simplement une énième résistance qui caractérise l'histoire de la psychanalyse.

Premiers rapprochements

La possibilité d'un rapprochement entre la psychanalyse et les neurosciences est évoquée pour la première fois aux États-Unis par Morton Reiser en 1983 lors d'un discours à une conférence annuelle. Trois ans après, Mark Solms publie un article qui expose son projet de réunir les neurosciences et la psychanalyse. En 1990, Arnold Pfeffer fonde le *Psychoanalysis Neuroscience Study Group* (groupe d'étude sur la psychanalyse et neurosciences) qui se tient à la New York Psychoanalytic Institute (NYPI), ayant comme objectif le développement des recherches interdisciplinaires concernant la psychanalyse et les neurosciences. Arnold Pfeffer invite le neurophysiologiste James Schwartz pour organiser des séminaires de mise à jour sur les progrès des neurosciences pour des psychanalystes. En 1992,

Mark Solms rencontre ce groupe d'études des neurosciences et de la psychanalyse.

Ainsi, dans les années nonante, un groupe de psychanalystes américains opère un renversement. Ils rentrent en contact avec des neuroscientifiques et prennent conscience que non seulement le dialogue est possible entre la psychanalyse et les neurosciences, mais que ces dernières fournissent à présent les bases biologiques que Freud cherchait pour certaines fonctions de base de la théorie psychanalytique de l'esprit qui peuvent être finalement intégrées par la psychanalyse. Les neurosciences redeviennent finalement un fiable allié. Les avancées dans le domaine des neurosciences affectives et sociales ont fait donc renaître le souhait momentanément abandonné par Freud de renouer la psychanalyse avec les neurosciences.

Renouer, dialoguer, intégrer, vérifier, voilà tous des termes qui reflètent cette rencontre, après des décennies, entre la psychanalyse et les neurosciences qui se renouvelle à présent périodiquement. Les fruits de ces rencontres devaient rester sous forme d'élaborations écrites et rendus publiques grâce à la création d'une revue. En 1998, lors d'une réunion au domicile new-yorkais d'Arnold Pfeffer avec Mark Solms, Martin Azarian et Nersessian, le terme de neuropsychanalyse est proposé. Le choix de ce terme se fait en référence à la neuropsychologie et apparaît au départ pour donner un nom à une nouvelle revue. Le mot *neuropsychanalyse* n'implique pas l'idée que les deux disciplines auxquelles il fait référence, les neurosciences et la psychanalyse, sont en principe susceptibles de se réunir, car elles sont deux disciplines intrinsèquement différentes. Au départ, le mot *neuropsychanalyse* était écrit avec un trait d'union (*neuro-psychanalyse*) pour souligner que les deux disciplines sont séparées et ne peuvent pas être fusionnées. Ensuite, le trait d'union a été enlevé, mais les raisons de son existence initiale restent toujours pertinentes.

Il y a un autre aspect qui doit être souligné, car il contribue au développement de cette rencontre entre la psychanalyse et les neurosciences et il explique l'intérêt qu'elle suscite auprès de personnalités renommées dans le domaine des neurosciences. Les progrès en imagerie cérébrale et en neurobiologie moléculaire donnent lieu à une extension des recherches à tous les aspects du fonctionnement psychique. Les résultats de ces recherches montrent une grande complexité du fonctionnement psychique qui rend moins convaincante l'idée d'un réductionnisme. L'idée de pouvoir réduire et expliquer tous les phénomènes psychiques à des entités matérielles ne séduit plus la plupart des neuroscientifiques. Ces résultats rendent également certains neuroscientifiques moins réticents envers les données issues de la psychanalyse. D'autres neuroscientifiques sollicitent une collaboration entre la psychanalyse et les neurosciences. Par exemple, en 1998, le futur prix Nobel de médecine Erik Kandel publie un article qui prône l'unité entre la psychanalyse et la psychiatrie biologique et il affirme que la psychanalyse offre probablement le champ le plus intéressant pour les recherches neuroscientifiques futures. D'autres neuroscientifiques participent activement à cette rencontre entre la psychanalyse et les neurosciences qui prend le nom de *Neuropsychanalyse* et qui voit sa naissance officielle et sa diffusion internationale en 2000.

James Schwartz devient premier Président Honoraire de l'*International Neuro-Psychoanalysis Society* (INPS) fondée en juillet 2000. Parmi les psychanalystes, on peut citer les noms de Peter Fonagy, André Green, Ilse Grubrich-Simitis, Otto Kernberg, Arnold Modell, Mortimer Ostow, Daniel Widlöcher, et, parmi les spécialistes en neurosciences, Antonio Damasio, Eric R. Kandel, Jaak Panksepp, Karl Pribram, V. S. Ramachandran, Oliver Sacks.

Au départ, le nom de la revue avait un trait d'union (*Neuro-psychoanalysis*) et il a été enlevé après 10 ans (2009). Certains voient dans ce changement une préoccupation à insérer la neuropsychanalyse parmi les domaines neuroscientifiques qui se débrouillent parfaitement sans le trait d'union, par exemple la neuropsychologie, la neuropsychiatrie, etc. Pour d'autres, cela recouvre un sens symbolique : en enlevant le trait d'union, le mot « *neuro* » se rapproche à celui de « *psychoanalysis* » ce qui signifie que les progrès de ces dix dernières années ont rendu la collaboration plus étroite entre le domaine des neurosciences et celui de la psychanalyse.

Le mot « *Neuropsychanalyse* » témoigne ainsi de la rencontre, du dialogue et de la collaboration entre la psychanalyse et les neurosciences qui s'étendent désormais sur deux décennies. Ce mot témoigne d'un rapprochement entre deux disciplines essentiellement hétérogènes qui restent séparées. La neuropsychanalyse représente un lieu de recherche et d'étude qui interroge et reprend des notions issues de la psychanalyse à la lumière des neurosciences. Ces notions ne sont pas établies dès le départ, ou autrement dit, il n'y a pas un objet préétabli d'enquête qui relève de la neuropsychanalyse. C'est pour cette raison qu'elle n'est pas considérée comme une discipline à part ou une science à part. Il est vrai qu'au départ, la neuropsychanalyse se développe sur le terrain de certains troubles psychiques profonds et complexes, essentiellement des cérébrolésés. Mais, elle élargit progressivement son domaine clinique à d'autres tableaux clinique et son domaine de recherche au fonctionnement cérébral en général s'intéressant aux différentes fonctions mentales. Ainsi, la neuropsychanalyse s'occupe également des représentations mentales et du langage, des liens entre conscient et inconscient, les relations entre la mémoire neuronale et des concepts psychanalytiques comme la remémoration, la répétition et l'élaboration. La prolifération d'objets d'étude a amené à faire coexister plusieurs groupes et tendances au sein de la neuropsychanalyse. Il y a le groupe proprement dit de neuropsychanalyse qui a des liens avec l'Association psychanalytique internationale (AIE) et qui publie leurs travaux au sein du journal « *Neuropsychanalysis* » et un autre groupe qui n'est pas représenté par une organisation spécifique ou un journal et n'est pas relié avec l'Association psychanalytique internationale (AIE). Ensuite, pour les fondateurs, la neuropsychanalyse est un domaine d'étude scientifique du psychisme humain qui privilégie les travaux empiriques plutôt que la spéculation et regroupe les recherches impliquant différentes méthodes qui se situent le long de la frontière entre la psychanalyse et les neurosciences. Pour d'autres, la neuropsychanalyse est un lieu d'échange entre neuroscientifiques et psychanalystes où se précise une dimension épistémologique et pragmatique permettant une articulation entre les neurosciences et la psychanalyse. L'intérêt du mot « neuropsychanalyse » pourrait bien être ce qui indique un lieu d'échange entre neuroscientifiques et psychanalystes, et un domaine d'études du psychisme humain qui privilégie les travaux empiriques, mais qui tolèrent également les spéculations en vue d'être vérifiées. De plus, n'étant pas une école de psychanalyse, les objets d'études peuvent provenir de différentes orientations psychanalytiques, qu'elles soient freudiennes, kleiniennes, lacaniennes, etc. Ainsi, un objet de la psychanalyse peut se trouver enrichi de plusieurs recherches faisant référence à des orientations différentes de la psychanalyse.

Pour exemple, prenons la mémoire qui est un aspect du fonctionnement mental étudié par la psychanalyse. Eric Kandel[1] (1999) rappelle la distinction entre trois types d'inconscients présents dans l'œuvre de Freud. Le premier est l'inconscient refoulé ou *dynamique* — qui correspond à l'inconscient psychanalytique proprement dit — où les représentations ne peuvent pas atteindre la conscience à cause des mécanismes de défense. Le deuxième est l'inconscient qui correspond à la partie inconsciente et qui, bien que certaines de ses représentations ne soient pas refoulées, reste inaccessible à la conscience. Le dernier type est le préconscient inconscient où les représentations, à moment inconscient, peuvent accéder à la conscience. Le deuxième type d'inconscient correspondrait, selon Kandel, à la mémoire procédurale, qu'il nomme *inconscient procédural*. Les changements des processus de répétition et de comportement du patient se produisent à travers la modification des procédures des apprentissages qui se situent au niveau de la mémoire ou de l'inconscient procédural, plutôt que par le langage ou, en termes de mémoire, par la mémoire déclarative. François Ansermet et Pierre

---

[1] Kandel E. (1999), Biology and the future of psychoanalysis: a new intellectual framework for psychiatry revisited. American Journal of Psychiatry ,156, 4, 505-524. Traduction : Un nouveau cadre conceptuel de travail pour la psychiatrie, Evol. Psychiatr 2002 ; 67 (1) : 1-278.

Magistretti[2] reconnaissent que l'introduction de cet inconscient procédural représente un nouveau paradigme, cependant ils ne partagent pas l'idée que l'inconscient puisse être considéré comme une mémoire procédurale, car il serait écorné de sa dimension essentielle, notamment la dimension langagière. De plus, les informations emmagasinées dans la mémoire procédurale peuvent être facilement rappelées alors que celles de la notion freudienne de mémoire inconsciente se manifestent seulement sous forme voilée et uniquement le travail analytique donne les outils pour dévoiler leurs significations. En outre, la mémoire procédurale correspond à un système de mémoire définie et localisable alors que François Ansermet et Pierre Magistretti ne conçoivent pas l'inconscient freudien comme un système localisable, mais plutôt comme un système de traces mnésiques qui se réassocient continuellement grâce aux propriétés cérébrales de plasticité et reconsolidation.

Ces auteurs soutiennent une conception de la mémoire grâce à la notion de signifiant issue de la psychanalyse d'orientation lacanienne. Est-ce que pour autant on peut parler alors d'une conception neuropsychanalytique lacanienne de la mémoire et en extension d'une neuropsychanalyse lacanienne ? Répondre d'une manière affirmative serait une façon de transposer une logique d'école de

---

[2] Ansermet F., Magistretti P. (2004), À chacun son cerveau. Plasticité neuronale et inconscient, Odile Jacob.

psychanalyse dans le domaine de la neuropsychanalyse alors que dès le départ elle prend les distances vis-à-vis d'une telle démarche.

En d'autres termes, je défends une position éclectique dans le domaine de la neuropsychanalyse. C'est par ailleurs ce qui m'a animé à réaliser un dictionnaire de neuropsychanalyse[3]. Dans un tel contexte, le mot « neuropsychanalyse » est loin de proposer la naissance d'une nouvelle forme de psychanalyse, ou une nouvelle école de psychanalyse. L'accouplement du préfixe « neuro » avec la psychanalyse est également loin d'être l'effet d'une mode ou d'une nécessité émanent d'un contexte socio-intellectuel marqué par le pouvoir des neurosciences. L'accouplement du préfixe « neuro » avec le mot « psychanalyse » affiche un rapprochement entre la psychanalyse et la biologie de l'esprit que nous allons préciser au prochain chapitre.

---

[3] Malaguarnera S. (2016), Dictionnaire de neuropsychanalyse, CreateSpace Independent Publishing Platform, pp. 401-402.

Chapitre II
Enjeux théoriques

La scientificité de la psychanalyse

Nous allons commencer à aborder la question de la scientificité de la psychanalyse qui est une question cruciale concernant son statut. C'est une question qui caractérise l'histoire de la psychanalyse depuis les origines. Freud, qui est le père fondateur de la psychanalyse, est également le premier à soutenir l'idée que la psychanalyse est une nouvelle discipline scientifique qui se forme progressivement à l'aide d'une série de conceptions psychologiques acquise à travers le processus psychanalytique qui permet la découverte d'aspects psychologiques inaccessibles autrement[4]. Cette idée freudienne de scientificité de la psychanalyse a été rapidement remise en question et s'est transformée en un débat qui est continuellement le théâtre d'incessants rebondissements. Le débat a été alimenté à la fois par les psychanalystes à la fois par des penseurs qui ne se réclament pas de la psychanalyse. Pour certains psychanalystes, il est important de définir le statut scientifique de la psychanalyse, pour d'autres, il ne faut plus s'y intéresser, car la psychanalyse est une pratique du divan plutôt qu'une théorie susceptible d'être scientifique. Du côté des penseurs qui ne se réclament pas de la psychanalyse, les arguments penchent tous, avec quelques différences, vers l'idée que la psychanalyse n'est pas une science. Ces arguments sont souvent utilisés pour discréditer et dévaloriser la psychanalyse, pour montrer qu'elle n'est pas un moyen pour accroître nos connaissances sur la vie psychique et n'est pas une méthode thérapeutique fiable. Ainsi, au sein de la psychanalyse, la question de la scientificité suscite continuellement

---

[4] Voici la définition de la psychanalyse que Freud propose dans un article publié en 1922 pour une encyclopédie : « La psychanalyse est le nom : 1. d'un procédé pour l'investigation de processus mentaux à peu près inaccessibles autrement ; 2. d'une méthode fondée sur cette investigation pour le traitement de désordres névrotiques ; 3. d'une série de conceptions psychologiques acquises par ce moyen et qui s'accroissent ensemble pour former progressivement une nouvelle discipline scientifique », Freud S. (1922), « *Psychanalyse, Théorie de la Libido* ». Encyclopédie Britannica.

de vives polémiques, alors que dans d'autres domaines scientifiques bien établis certaines controverses n'apparaissent plus. Au sein de la société, la scientificité de la psychanalyse devient un enjeu socioculturel important. L'absence de scientificité diminue la visibilité et considération socioculturelle d'une discipline. Il en faut peu pour qu'une discipline considérée comme une pseudoscience soit rangée parmi les escroqueries.

La collaboration entre la psychanalyse et les neurosciences relance ce débat de la scientificité de la psychanalyse à travers de nouvelles données à la fois au sein de la psychanalyse à la fois parmi certains épistémologues.

Fonction de la théorie en psychanalyse

L'immense prolifération de théories au sein de la psychanalyse, souvent opposées entre elles, montre l'échec de cette idée de Freud de pouvoir former progressivement une nouvelle discipline scientifique à l'aide d'une série de conceptions psychologiques acquises par les expériences subjectives. Cette prolifération de théorie montre plutôt qu'une théorie psychanalytique est l'expression d'une vision subjective du psychanalyste, et que le matériel présenté par les patients reflète, à leurs tours, l'orientation ou les théories du propre psychanalyste. On a effectivement constaté que les patients fournissent souvent les données phénoménologiques qui appuient les théories et les interprétations de l'orientation psychanalytique à laquelle adhère leur analyste. Judd Marmor, qui a fait cette constatation d'une manière explicite, en conclut que ce processus amène chaque théorie psychanalytique à s'autovalider[5].

On serait même tenté d'expliquer cette prolifération de théorie par une lecture nietzschéenne[6] selon laquelle une théorie est l'expression du corps. Une théorie philosophique comme une psychanalytique n'entretient pas directement une relation avec le monde des idées, mais elle est le produit immanent d'un corps. Ce serait alors la biographie d'un auteur qui pourrait mieux expliquer la genèse de ses idées. Le *Crépuscule d'une idole*[7] de Michel Onfray s'inscrit dans cette mouvance. À la sortie de cet ouvrage, il y a eu un grand malentendu entre les psychanalystes, auquel j'ai participé[8], et Michel Onfray. Les psychanalystes ont interprété la sortie de cet ouvrage comme une volonté de détruire la psychanalyse. L'impact sur l'opinion publique a probablement eu, en partie, un effet de discrédit de la psychanalyse. Les adversaires de la psychanalyse n'ont pas tardé à accoupler le *Crépuscule d'une idole*

---

[5] Judd Marmor, cité d'après Hans Jürgen Eysenck : Déclin et chute de l'Empire Freudien, De Guibert, 1985, p. 124.

[6] Nietzsche F., *Par-delà bien et mal: [Suivi de] La généalogie de la morale*, Paris, Gallimard, 1979.

[7] Onfray M. (2010), *Le crépuscule d'une idole. L'affabulation freudienne*, Grasset.

[8] Malaguarnera S. (2010), Critique du *Crépuscule d'une idole* de Michel Onfray, InLibroVeritas.

avec *Le livre noir de la psychanalyse*, alors que le premier ne s'inscrit absolument pas dans la lignée du second. Le *Crépuscule d'une idole* de Michel Onfray s'inscrit dans sa relecture de toute l'histoire de la philosophie occidentale et dans le cadre de son projet de contre-histoire de la philosophie qui consiste : à lire les textes dont on parle et ne pas se contenter de faire des synthèses de publications antérieures, en citant des erreurs factuelles, comme les philosophes le font habituellement ; à montrer que l'histoire de la philosophie telle qu'elle est enseignée habituellement est construite sur des mythologies, des fabulations, des occultations et des mensonges ; à valoriser des auteurs mineurs qui ont été intentionnellement occultés ; à aborder un auteur selon le principe proposé par Nietzsche selon lequel un corpus, une idée philosophique est le reflet d'un corps, d'une histoire d'une personne en chair et os ; en évoquant la distinction entre « *transcendantale* » et « *immanence* », à montrer que l'histoire de la philosophie occidentale, qui se distingue de celle américaine, a une prédilection pour le transcendantal. Michel Onfray n'a pas concrétisé une volonté de destruction de la psychanalyse, mais du mythe freudien. La psychanalyse n'est pas uniquement celle de Freud, mais d'un collectif de psychanalystes dont plusieurs ont été volontairement écartés. La psychanalyse n'est pas une science, car elle est, comme une théorie philosophique, le reflet d'un corps. Michel Onfray est partisan d'une psychanalyse qui se défait des références mythiques et se développe à travers l'apport d'un collectif.

Mais on découvre également que la théorie recouvre une certaine fonction dans l'économie du processus psychanalytique : elle reflète le processus singulier qui se déploie en analyse. Je vais reproposé[9], en partie, une articulation pour expliquer les raisons d'une telle prolifération de théories psychanalytiques. Pour commencer, nous dirons quelques mots sur ce qu'est la psychanalyse. C'est une pratique qui met en exercice la parole d'un patient et l'écoute d'un psychanalyste. Le psychanalyste, ayant lui-même été suivi pendant des années dans l'exercice de cette pratique, peut suivre à son tour quelqu'un. Le patient s'engage à prendre donc la parole et à dire tout ce qu'il souhaite, et cela pendant des mois, voire des années. Cet engagement prendra la forme d'un parcours où se tissera une relation, loin d'être facile à définir, entre deux personnes. Pendant ce parcours, beaucoup de choses vont se passer : le patient découvrira des fragments oubliés de son histoire lointaine ; des sentiments contradictoires – amour, haine – seront éprouvés envers son analyste, etc. Au fil du temps, cela aura un effet bénéfique sur le psychisme du patient. Mais comment mettre en relation ceci avec les

---

[9] Extrait du chapitre : "Pourquoi autant de théorisations », in : Malaguarnera S. (2006), Théorisations psychanalytiques sur l'autisme et la psychose infantile, et l'école du Quotidien, Publibook.

changements sur le psychisme du patient ? Vouloir répondre à cette question a permis aux premiers psychanalystes de découvrir des mécanismes du psychisme humain. Et pour décrire et expliquer ces mécanismes, il a fallu introduire des concepts. Par exemple, pour décrire et expliquer certains phénomènes psychiques émergeant lors des séances, Freud a introduit le concept d'«inconscient». Pour Freud, un concept est une convention qui attend d'être remplacée par une autre pour mieux expliquer des phénomènes psychiques et l'ensemble de ces concepts forment une théorie. Comme dans toutes les branches du savoir, les choses se compliquent lorsqu'il faut préciser les significations d'un concept. En psychanalyse, ces complications sont manifestement plus à l'ordre du jour pour les raisons que nous allons présenter. Dans ce domaine, un concept regroupe une série de significations reliées à la fois à des phénomènes psychiques du patient et à la fois à ceux du psychanalyste. Dans plusieurs écrits, Freud prend en exemple des phénomènes psychiques personnels pour préciser les significations. Un psychanalyste a certainement terminé son analyse avec son propre analyste, néanmoins, il continuera à s'intéresser à son psychisme. Le travail d'élaboration conceptuel est donc relié à une pratique psychanalytique envers soi-même et envers l'autre. En quelques mots, nous pouvons dire que le travail d'élaboration théorique dans le domaine psychanalytique est un prolongement d'une pratique psychanalytique. L'expérience et la pratique d'un psychanalyste ne seront jamais identiques à celle d'un autre psychanalyste ; de même, l'analyse d'un patient sera toujours unique, singulière et, en conséquence, différente d'une autre analyse. Dans le domaine de la réflexion psychanalytique, nous devons nous attendre à ce qu'un concept ne regroupe pas une série de significations bien précises et à nous trouver face à différentes possibilités d'enchaîner les concepts. Nous préférons employer le terme « théorisation » qui indique mieux ce travail constant d'élaboration toujours précaire, plutôt que le terme « théorie » qui indique un corpus unitaire de concepts avec des définitions univoques. Nous sommes déjà en mesure d'avancer une première réponse à notre question initiale : « Mais pourquoi autant de théories ? ». Un siècle de psychanalyse, qui a produit différentes théories et une multitude d'articulations différentes d'un même concept, a vu fleurir un nombre énorme de psychanalystes, chacun porteur d'une expérience singulière du parcours psychanalytique. Est-ce que cela doit être considéré comme un point faible de la psychanalyse et des conceptualisations psychanalytiques ? En ce qui concerne le premier point, nous répondons rapidement que s'il y a eu un nombre incalculable de livres, articles, études de psychanalyse, c'est parce que de nombreuses personnes, ayant fait elles-mêmes l'expérience de la psychanalyse et la pratiquant en tant qu'analystes, ont voulu témoigner implicitement de leur expérience et explicitement de leur pratique. Étant donné que la psychanalyse est une pratique et que le psychanalyste est tenu de rendre compte de sa pratique à travers des élaborations théoriques, nous devons nous attendre à une prolifération de théorisations. En revanche, il faut se méfier d'une école de psychanalystes dans laquelle les écrits se ressemblent du point de vue conceptuel. De même, il faut se méfier des psychanalystes qui ne font que défendre et répéter les idées d'un personnage charismatique au sein d'une école de psychanalyse.

Dans cette perspective, le but des comptes rendus des psychanalystes est de réaliser ce qui est propre à la relation que la psychanalyse entretient avec la théorie. La théorie, qui consiste dans la mise en écriture d'une réflexion qui se porte sur une pratique spécifique, est ce qui permet au psychanalyste de relancer son désir de travail en tant que praticien de la psychanalyse, de préciser et re-préciser sa position subjective et la valeur de ses interprétations au sein de sa pratique. Sur la base de ce que nous venons de dire, de nouveaux aspects apparaissent autour de la question que nous avons posée au début : « Quelle relation la psychanalyse entretient-elle avec la théorie ? ». En partie, nous avons déjà donné quelques pistes de réflexion : en résumant succinctement, nous avons dit que la théorie est un prolongement d'une pratique. Mais lorsqu'un psychanalyste conçoit un écrit et un exposé, d'autres choses se mettent en place. Un psychanalyste est une personne, comme une autre par ailleurs, qui a côtoyé son propre analyste, et est en contact avec d'autres personnes qui se situent dans un contexte historique psychanalytique bien précis. Dans ce contexte, il y a des questions qui captent plus son attention en orientant ses réflexions vers un domaine. Prenons un exemple. Dans une première période de la psychanalyse, l'attention est tournée vers le complexe d'Œdipe qui se situe chronologiquement vers la quatrième et cinquième année de vie. Suite aux réflexions de M. Klein, qui a démontré la présence de problématiques oedipiennes bien avant les années qui ont été fixées par Freud et ses contemporains, une quantité énorme d'études, d'écrits, d'observations se sont focalisés sur les premières relations entre la mère et l'enfant. Dans cette perspective, il y a également une relation aux textes qui est propre à la psychanalyse. Nous devons porter toute notre attention à un mot en particulier : l'Histoire. La fonction de l'histoire des idées en psychanalyse est très différente de celle des sciences exactes. Nous avons du mal à penser qu'un physicien puisse prendre un texte de 1700 pour le réinterpréter et le présenter à une communauté scientifique, et cela dans le but d'exposer ses propres idées. En revanche, dans le domaine psychanalytique, cela arrive souvent et sous différentes formes. Il y a des psychanalystes qui reprennent un cas clinique pour découvrir de nouveaux éléments qui ont échappé au compte rendu initial. On peut reprendre un texte théorique d'un psychanalyste pour modifier la signification d'un concept, ou pour en extraire un nouveau, et ainsi de suite. Dans les années '50, Lacan entame son enseignement en proposant un retour au texte de Freud, ce qui ne veut absolument pas dire un recours à Freud. Ce retour au texte ne veut pas dire qu'il faille citer ou nommer l'auteur et annoncer que « l'auteur a dit que ... », mais cela signifie plutôt qu'on reprend un texte pour le faire revivre ou, pour employer une expression de Gadamer[10], faire « parler le texte ». C'est-à-dire : lorsque nous lisons un texte, nous faisons en sorte de formuler les questions implicites que le texte propose pour tenter de donner des réponses qui seront formulées de façon à ouvrir d'autres pistes. Le propre de la théorisation et de la conceptualisation en psychanalyse est de prendre et de reprendre des textes, des réflexions, pour que les questions s'ouvrent afin d'y apporter une articulation qui élargira un espace à d'autres articulations. En d'autres termes, nous pourrions dire que le propre d'une pratique d'écriture en psychanalyse est une pratique qui met en exercice l'ouverture et l'articulation. Quelqu'un pourrait nous dire, suite à ces dernières considérations, que la psychanalyse n'est donc pas une science, et qu'elle n'est qu'une dernière transformation de la philosophie, étant donné que la philosophie est devenue de plus en plus l'histoire de la

---

[10] Gadamer H. G., Vérité et méthode, trad. fr., Seuil, Paris, 1976.

philosophie, liée étroitement à une réflexion et un retour continu sur soi-même et sur les systèmes qu'elle a rencontrés. Nous pouvons tout de même distinguer la psychanalyse de la philosophie. Dès le début, Freud avait introduit un concept pour expliquer toute une série de découvertes au sein de sa pratique, notamment le concept d'inconscient. Ce concept est une hypothèse pour comprendre les bizarreries qui se passent lorsque quelqu'un se met à parler de sa vie lors des séances. D'une manière plus générale, nous pourrions dire que c'est une hypothèse qui donne raison de l'écart qui subsiste entre soi-même et le moment où l'on dit les choses. Lacan mettra en évidence que ce qui caractérise l'inconscient est de l'ordre de la béance, et, à nous de souligner, de l'ordre de l'ouverture ; au moment où une ouverture se produit, une fermeture subitement se produit aussi. Au début de cette introduction, à la question « Qu'est-ce que la psychanalyse ? », nous avons répondu que « C'est une pratique qui met en exercice la parole entre une personne et un lieu qui rend possible cet exercice occupé par le psychanalyste ». Maintenant, nous pouvons ajouter : c'est une pratique où s'exerce l'ouverture. Cet exercice se fait aussi dans la théorisation et la conceptualisation. Nous pouvons bien confirmer ce que nous avons déjà avancé : la théorie en psychanalyse est avant tout un prolongement d'une pratique. Si nous devions à tout prix parler de science, nous dirions que la psychanalyse est la science qui s'occupe de l'inconscient, c'est-à-dire de l'ouverture d'une activité fantasmatique et de conflits inconscients. Dans un battement d'ouverture et de fermeture, le psychanalyste aura fait le deuil de pouvoir maîtriser un savoir sous forme de système, idéal très cher au philosophe, et de pouvoir maîtriser une théorie qui explique tout, figure idéale très chère à la science. Le psychanalyste se situe donc, et dans sa pratique d'analyste et dans sa pratique d'écriture, dans une position de pas-tout envers le savoir. Nous pouvons ranger cette méthode de recherche que nous avons décrite jusqu'ici parmi les méthodes critico-herméneutiques.

Dans la lignée de ce développement (qui se situe dans le mouvement lacanien), la scientificité de la psychanalyse peut être relancée sous de nouveaux termes. Avant tout, une science doit définir son objet d'étude et le champ où pouvoir l'observer et l'analyser. Dans le domaine de la psychanalyse, l'objet serait les effets de la parole et le champ où pouvoir l'observer et l'analyser serait la cure analytique. Le champ d'enquête psychanalytique devient l'interrogation des effets de la parole qui produit des effets de savoir, car leurs valeurs de « vrai » ou « faux » ne valent qu'à l'intérieur du champ analytique où ils se produisent. Les critères de scientificité classique deviennent difficilement applicables ici, car le « vrai » ou « le faux » d'un énoncé, où autrement dit l'adéquation entre un énoncé et les faits, est valable seulement à l'intérieur d'un cadre précis. Lacan et ses élèves, qui adhèrent à ce type de formulation, abandonnent alors la science empirique et se tournent vers d'autres références épistémologiques. Le recours au théorème de Gödel est décisif dans la recherche des fondements scientifique de la psychanalyse. Le théorème d'incomplétude explique qu'il y a au moins une vérité mathématique pour laquelle le système donné ne peut pas apporter une démonstration. Une proposition est vraie dans un système donné, mais on ne peut pas démontrer qu'elle l'est. Certains psychanalystes proposent des articulations très pointues qui prennent en compte les théories de la complexité, la physique quantique, etc.

L'avantage de ce type de développement est de proposer un statut scientifique à la pratique analytique. Le désavantage est qu'il ferme définitivement les portes à l'empirisme qui reste tout de même une condition importante, certainement pas la seule, pour le développement d'une science. Abandonner la confrontation aux faits amène la psychanalyse à s'autoriser par elle-même et à ne plus se soucier de dévoiler ses propre méthodologie et déontologie, pour reprendre des termes de Bouveresse[11]. Pour le monde scientifique, cette démarche qui vise à articuler la scientificité de la psychanalyse avec un échafaudage théorique qui ne tient pas compte de la confrontation aux faits, qui ne se plie pas à l'expérimentation est une manière de se servir de certaines dernières

---

[11] Bouveresse J. (1999), Prodiges et vertiges de l'analogie, Raisons d'agir Editions, p. 38.

découvertes de la science pour donner une impression de scientificité.

Critiques envers la psychanalyse

Les critiques envers la psychanalyse, qui sont nombreuses, portent essentiellement sur la scientificité de la psychanalyse et son efficacité thérapeutique.

Karl Popper a avancé une critique épistémologique envers la psychanalyse qui est devenue un point de référence parmi ceux qui dénoncent l'absence de scientificité de la psychanalyse. Popper reproche à la psychanalyse de fonctionner comme un discours qui s'autovalide, car tout énoncé psychanalytique peut toujours recevoir une explication qui fait référence à une force inconsciente. Ainsi, un énoncé psychanalytique ne peut pas être soumis à un examen expérimental, car il est relié à une interprétation plutôt qu'à des faits. Ce type d'énoncé ne satisfait pas les exigences de la science. Selon Popper, une théorie est scientifique lorsqu'elle remplit certaines conditions, notamment la possibilité d'être invalidé, réfuter et tester[12]. Un énoncé est vrai s'il est testable empiriquement par la communauté scientifique. Mais la condition de scientificité d'une proposition sur laquelle Popper a

---

[12] Popper K. (1953), Conjectures et réfutations, La croissance du savoir scientifique, 1985, Payot.

mis surtout l'accent est celle de falsifiabilité ou réfutabilité. La scientificité d'une proposition n'est pas tellement donnée par sa capacité à être soumise à une vérification, mais à celle d'être soumise à des tests qui pourraient la rendre « fausse » ou réfutable. Un énoncé psychanalytique n'est pas réfutable parce qu'il est inséré dans un discours interprétatif où on peut intégrer un fait et son contraire. En proposant le critère de réfutabilité, qui déclare insuffisant le critère de vérification, Popper augmente les exigences sur les choix des critères qui vont déterminer la scientificité d'une proposition. Cependant, toutes les sciences ne sont pas conçues sur les mêmes modèles et n'ont pas les mêmes vocations. Il y a des sciences, comme la physique, qui sont très abstraites et qui visent des explications universelles qui se construisent surtout selon une logique déductive. D'autres sciences, comme la biologie et les sciences humaines, construisent les théories surtout à partir des observations suivant une logique inductive. Le critère de réfutabilité devient alors un critère qui est plus pertinent pour certains savoirs et moins pour d'autres, pour certaines expérimentations et moins pour d'autres. Le critère de réfutabilité doit être inscrit dans un mouvement de progression scientifique auquel doit s'inspirer un savoir. Un énoncé doit être avant tout soumis à la vérification par une communauté pour être crédible, ensuite il sera abandonné quand il y aura d'autres expériences qui viennent le réfuter. Un énoncé théorique est donc une hypothèse qui attend à être réfutée. Un savoir scientifique est constitué par un ensemble de théories qui progressent par conjecture et réfutation. Tout savoir scientifique contient donc une part d'indétermination et d'imperfection. Le scientifique est confronté à un réel indéterminé qui demande une position éthique particulière : une attitude critique basée sur le possibilisme, l'ouverture et la libre confrontation des idées. D'une manière étrange, cette dernière partie converge avec ce que nous avons développé sur la fonction de la théorie en psychanalyse. Certes, il y a deux points essentiels qui manquent, la vérification et la réfutation d'un énoncé. Popper a inséré la psychanalyse parmi les pseudosciences, mais il a admis qu'elle contient des énoncés qui peuvent trouver dans le futur une place dans la psychologie scientifique[13].

Nous allons relancer à présent le débat de la scientificité de la psychanalyse à travers cette question : y a-t-il des énoncés psychanalytiques qui peuvent être soumis aux paramètres scientifiques ? Autrement dit, y a-t-il des énoncés testables ou réfutables en psychanalyse ?

Énoncés testables

Jürgen Habermas et Paul Ricœur défendent l'idée qu'aucun énoncé de la psychanalyse ne peut

---

[13] Popper K. (1953), Conjectures et réfutations, La croissance du savoir scientifique, 1985, Payot, pp. 64-65.

être testé et vérifié, car les phénomènes humains ne peuvent pas être analysés sur la base de la notion de causalité[14]. En revanche, Adolf Grünbaum[15], qui a avancé des critiques envers la théorie psychanalytique et son efficacité thérapeutique (il montre l'absence de fondements de la théorie du refoulement, des actes manqués et des rêves), ne partage pas l'idée de Karl Popper selon lequel la psychanalyse n'a pas de propositions falsifiables. Il soutient l'idée que jusqu'à présent la psychanalyse n'a pas apporté des données empiriques en appui à ses théories alors que selon lui cela serait envisageable. Le psychologue et psychanalyste[16] Howard Shevrin, qui dirige un programme de recherche en neuropsychanalyse de l'Université du Michigan et le laboratoire Ormond and Hazel Hunt pour la recherche des processus conscients et inconscients, a répondu aux défis de Grünbaum concernant l'apport empirique comme étant distinct de la méthode clinique pour éviter le

---

[14] Le contenu de ce paragraphe est extrait, en partie, des définitions suivante du « Dictionnaire de Neuropsychanalyse » : GeoCat, Méthode expérimentale, Perception subliminale, Pötzl Otto, Shevrin Howard.

[15] Grünbaum A. (1984), Les fondements de la psychanalyse. Une critique philosophique, PUF, 1996.

[16] Howard Shevrin (1926 –) est un psychologue et psychanalyste américain. Il est professeur de psychologie au département de psychiatrie et psychologie à l'Université du Michigan. Il est directeur du programme de recherche en neuropsychanalyse sur les processus inconscients et chef du laboratoire de psychophysiologie d'Ormond and Hazel Hunt. Il est aussi membre du corps professoral de l'Institut psychanalytique du Michigan.

danger de circularité. Il a appliqué une méthode de recherche pour trouver une preuve indépendante pour la validité des constructions de refoulement et de conflits[17] inconscients qui sont des notions centrales de la théorie psychanalytique. Grâce à une approche basée sur une méthode tripartite qui intègre les hypothèses psychodynamiques, les processus cognitifs subliminaux et les mesures psychophysiologiques de la fréquence de l'onde alpha, Howard Shevrin et ses collègues montrent[18], par des mesures physiques de l'activité cérébrale, un lien de causalité entre la notion de conflit psychique, et les symptômes conscients vécus par des personnes atteintes de troubles anxieux comme les phobies.

---

[17] Il se réfère au conflit intrapsychique provoqué par la présence d'exigences internes qui s'opposent au sein du sujet. Par exemple, une tendance sexuelle peut-être en contradiction avec la morale du sujet provoquant ainsi un conflit psychique.
[18] Shevrin H., Bond J., Brakel L., Hertel R., Williams W. (1996), Conscious and unconscious processes : psychodynamic, cognitive and neuro-physiologic convergences, New York, Guilford Press. Shevrin H., Snodgrass M., Brakel L.A., Kushwaha R., Kalaida N.L., Bazan A. (2013), Subliminal unconscious conflict alpha power inhibits supraliminal conscious symptom experience, 2013 Sept. 5, 7 : 544.

Plus précisément, les résultats de ces recherches[19] montrent que les conflits inconscients provoquent des symptômes d'anxiété du patient ou y contribuent. Grâce à ces résultats, Howard Shevrin et ses collègues ont étendu ces recherches à la notion de refoulement.

---

[19] Une de ces recherches a impliqué onze patients atteints de troubles anxieux qui ont été suivis par des psychanalystes pendant un certain nombre de séances. Dans un premier temps, ceux-ci ont émis une hypothèse concernant le conflit inconscient à l'origine des troubles anxieux ressentis par ces patients. À partir de ces séances, les psychanalystes ont sélectionné des mots représentatifs de la nature du conflit inconscient et des mots employés par chaque patient pour exprimer leur symptôme pour être utilisés comme stimuli verbaux au laboratoire. Les mots sélectionnés par les psychanalystes n'ont jamais été mis par les participants en relation avec le conflit inconscient. Ils ont aussi ajouté un groupe de stimuli verbaux neutres — dits de *contrôle* — qui n'ont aucun rapport avec le conflit inconscient. Dans un deuxième temps, ces stimuli verbaux ont été présentés tant subliminalement — durant moins d'un millième de seconde — que supraliminalement — durant 30 millisecondes. Les réponses cérébrales des patients sont mesurées à l'aide d'électrodes au cours de chaque présentation des stimuli aux patients. L'analyse des temps-fréquence des potentiels évoqués montrent que lorsque les stimuli verbaux du conflit inconscients sont présentés de manière subliminale les patients les regroupent sous la même catégorie alors que ce n'est pas le cas lorsqu'ils sont présentés supraliminalement. En revanche, lorsque les stimuli des symptômes conscients sont présentés aux participants de manière supraliminale, les stimuli verbaux du conflit inconscients ne sont plus regroupés sous la même catégorie et ceux des symptômes conscients ont tendance à être mis ensemble. La partielle menace évoquée par ces stimuli verbaux du conflit inconscient a donc un effet inhibiteur. Les stimuli *de contrôle* ne donnent aucun résultat.

Ces recherches de Howard Shevrin et ses collègues, qui suivent des procédures de recherche expérimentale, ont désormais réussi à donner un appui empirique aux deux piliers de la théorie psychanalytique, à savoir l'existence d'un inconscient dynamique et du processus primaire. Plus précisément, ces recherches montrent :

- la présence de processus inconscient inscrit dans le cerveau ;
- ces processus ont des propriétés cognitives, affectives et de motivation ;
- ces propriétés présentent une organisation qualitativement différente et suivent une logique du processus primaire ;
- parmi ces processus, il y en a qui se caractérisent par une activité conflictuelle et dynamique étant soumise à l'inhibition[20].

À l'aide de procédures expérimentales, Howard Shevrin et ses collègues repèrent le processus

---

[20] Shevrin H., J. Bond, Brakel L., R. Hertel, Williams W. (1996), processus conscients et inconscients : Convergences psychodynamiques, cognitives et neuro-physiologiques, New York : Guilford Press; Snodgrass M., Shevrin H. (2006), Unconscious inhibition and facilitation at the objective detection threshold: replicable and qualitatively different unconscious perceptual effects, Cognition, 2006 Aug, 101(1):43-79.

primaire dans le sommeil paradoxal[21], dans la pensée des enfants en âge préscolaire[22], et dans la pensée inconsciente des adultes[23].

Dans un de ses articles, Howard Shevrin souligne l'intérêt porté par Adolf Grünbaum à ses recherches et l'utilité des échanges de lettres sur ses expériences. Howard Shevrin accepte une des contestations d'Adolf Grünbaum qui met en doute la revendication d'avoir démontré une relation de cause et effet entre le conflit inconscient et l'expérience consciente de symptômes. La prise en compte de cette contestation l'amène, ensuite, à conduire une nouvelle étude sur le sujet en question[24].

Les processus primaires et secondaires en dehors du cadre de la pratique psychanalytique sont également étudiés dans le cadre de

---

[21] Shevrin H., Fisher C. (1967), Changes in the effects of a waking subliminal stimulus as a function of dreaming and non-dreaming sleep, Journal of Abnormal Psychology, 72,4, 362-368.

[22] Brakel L.A.W., Shevrin H., Villa K.K. (2002), The priority of primary process categorizing: experimental evidence supporting a psychoanalytic developmental hypothesis. Journal of the American Psychoanalytic Association, 50, 483–505.

[23] Brakel L.A.W., Kleinsorge S., Snodgrass M., Shevrin H. (2000), The primary process and the unconscious: experimental evidence supporting two psychoanalytic presuppositions, International Journal of Psychoanalysis, 81, 553–569.

[24] Shevrin H. et coll. (2013), Subliminal unconscious conflict alpha power inhibits supraliminal conscious symptom experience, Front Hum Neurosci., 2013, 7: 544.

paradigmes expérimentaux à travers un test, notamment le GeoCat (*Geometrical Categorization*) qui est un test non verbal[25] qui a été conçu expressément pour ce type de recherche par Linda Brakel et ses collègues[26]. Le fondement théorique de cet instrument se base sur la corrélation entre les processus décrits par Freud — processus primaire et secondaire — et les deux modalités du fonctionnement cognitif, notamment les cognitions de similitude attributionnelle et relationnelle. Le test enquête sur les choix de similarité entre différents stimuli appartenant chacun à une modalité de catégorisation. La première cognition est une modalité de catégorisation cognitive qui se constitue sur la base d'une classification des stimuli par attributs. Ici, le jugement de similarité s'établit sur la base de la ressemblance ou de l'identité d'un ou de plusieurs attributs — la forme, les couleurs, les contours, etc. — constituants les objets perçus. Cette recherche de ressemblance perceptuelle se

---

[25] L'administration du test prend 2 minutes et les stimuli du GeoCat sont présentés au tachistoscope (subliminalement et supraliminalement). Le GeoCat peut être utilisé dans divers contextes de recherche.

[26] Brakel L.A.W., Kleinsorge S., Snodgrass M., Shevrin H. (2000), The primary process and the unconscious: experimental evidence supporting two psychoanalytic presuppositions, International Journal of Psychoanalysis, 81, 553–569.

Brakel L.A.W., Shevrin H., Villa K.K. (2002), The priority of primary process categorizing: experimental evidence supporting a psychoanalytic developmental hypothesis, Journal of the American Psychoanalytic Association, 50, 483–505.

relie à ce que Freud appelle l'identité de perception, propre au processus primaire. La deuxième cognition est une modalité de catégorisation cognitive qui repose sur les relations logiques entre les stimuli. Ici, le jugement de similarité s'établit en prenant en compte la configuration totale et contextuelle concernant les objets perçus. Cette recherche de ressemblance sur base logique se relie au processus secondaire qui permet d'inhiber l'automatisme de connexion superficielle.

Le GeoCat est un test non verbal qui implique que les scores ne sont probablement pas affectés par l'intelligence verbale et qui permet également des comparaisons culturelles et entre âges différents. Le GeoCat se compose d'une série de figures géométriques. La fig. 1 est un exemple de GeoCat qui se compose de trois stimuli, soit une figure au-dessus et deux figures en dessous (voir fig. 1) où se porte le choix des participants. Les deux figures en dessous représentent les deux modalités de catégorisations : la figure à gauche reflète le choix qui repose sur le jugement de similarité attributionnelle, en reprenant les mêmes attributs que la figure du dessus dans une configuration différente, et la figure à droite reflète celui du jugement de similarité relationnelle, en reprenant des attributs différents dans une configuration préservée. Les participants sont invités à porter leur choix sur une des deux figures (figures cibles) en dessous qui serait plus semblable à la figure au-dessus (figure principale). En fonction du choix, leur jugement aura été fait sur base de similarité attributionnelle ou relationnelle. Mais en faisant ce choix, les participants ne sont pas au courant sur le type de similitude que leur choix reflète. En d'autres termes, les éléments composant le test — les stimuli picturaux — ne révèlent pas ce que le test est conçu pour mesurer. Cette non-transparence donne au test un important avantage concernant sa validité parce qu'il serait réfractaire à la tendance des participants à harmoniser leurs réponses à ce qu'ils pensent du ressenti.

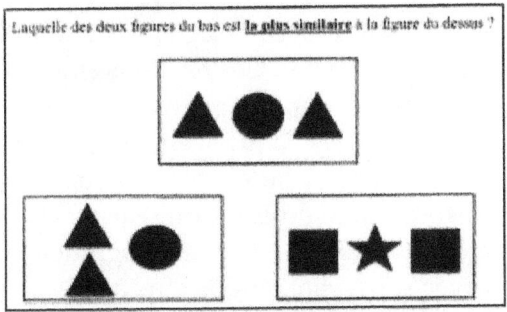

Fig. 1 Principe de l'instrument GeoCat établi par Brakel

Le GeoCat est un test utile dans la recherche concernant les domaines de la psychopathologie et de la psychothérapie, où il pourrait fonctionner comme une alternative aux mesures traditionnelles de l'état mental des processus primaires et secondaires. Il a déjà été utilisé dans l'étude de certains regroupements — où le choix des participants s'est porté d'une manière significative sur la figure de gauche, notamment celle qui serait à la base d'un jugement de similarité attributionnelle et à la base donc du processus primaire. Ces résultats confirment l'hypothèse de Freud concernant la prévalence du processus primaire dans ces différentes situations psychologiques : le jeune âge, le stress et l'anxiété, la schizophrénie. Le GeoCat a été également utilisé pour mesurer les changements de cognition qui se produisent en fonction de la détresse psychologique. Par exemple, une étude a révélé qu'au cours des épisodes psychotiques aigus, les patients psychotiques font un usage plus important du jugement d'attribution[27]. Ces résultats suggèrent que la détresse psychologique provoque un virage du fonctionnement psychique vers le processus primaire. Dans la recherche en psychothérapie, le GeoCat pourrait être utilisé pour analyser les changements au niveau de la cognition en corrélation avec la psychothérapie effectuée.

Cet instrument nommé *GeoCat*, qui permet de mesurer la relative prédominance des processus

---

[27] Bazan A., Van Draege K., De Kock L., Brakel L.A.W., Geerardyn F., Shevrin H. (2013), Empirical evidence for primary process mentation in acute psychosis, Psychoanalytic Psychology, 30 (1), 57-74.

primaires et secondaires, offre également un apport empirique aux données de la psychanalyse[28].

Il y a une longue tradition de l'utilisation du paradigme expérimental en perception subliminale[29] pour mener des recherches sur des aspects de la théorie psychanalytique[30], de la thérapie[31] et de la formation des symptômes[32].

Les premières recherches scientifiques en perception subliminale ont été menées par le

---

[28] Brakel L.A.W., Shevrin H., Villa K.K. (2002), The priority of primary process categorizing: experimental evidence supporting a psychoanalytic developmental hypothesis, Journal of the American Psychoanalytic Association, 50, 483–505.

[29] On parle de perception subliminale lorsqu'un stimulus est détecté sans l'apport de la conscience et qu'il peut, néanmoins, avoir un impact sur le fonctionnement perceptif et cognitif. Le terme *subliminal* signifie « en dessous d'un seuil sensoriel ».

[30] Silverman L. H. (1987), Imagery as an aid to working through unconscious conflicts: A preliminary report, Psychoanalytic Psychology, 4, 45-64; Balay J., Shevrin H. (1988), The subliminal psychodynamic activation method: A critical review, American Psychologist, 43, 161-174; Bornstein R. F. (1990), Critical importance of stimulus unawareness for the production of subliminal psycho dynamic activation effects: A meta-analytic review, Journal of Clinical Psychology, 46, 201-210.

[31] Silverman L. H., Weinberger J. (1985), Mommy and I are one: Implications for psychotherapy, American Psychologist, 40, 1296-1308.

[32] Mendelson, E. M., Silverman, L. H. (1982), Effects of stimulating psychodynamically relevant unconscious fantasies on schizophrenic pathology. Schizophrenia Bulletin, 8, 532-547; Dauber R. (1984), Subliminal psychodynamic activation in depression: on the role of autonomy issues in depressed college women. Journal of Abnormal Psychology, 93, 9-16.

psychiatre Otto Pötzl[33] qui a présenté, en 1917, une conférence sur sa recherche expérimentale sur le rêve, sur invitation de Freud[34], à l'école viennoise de psychanalyse. Pour réaliser une perception subliminale lors de la procédure expérimentale, il présentait au tachistoscope une image pendant un temps très bref qui était de l'ordre d'un centième de seconde (10 ms). Les résultats intéressants des travaux d'Otto Pötzl ont encouragé les recherches sur la perception subliminale.

Le paradigme de ces premières expériences en perception subliminale appliquée dans le domaine de la psychanalyse sera repris par Charles Fisher — depuis les années cinquante — et Lloyd Silverman — depuis les années septante — aboutissant à une tradition de recherche orientée sur l'activation psychodynamique subliminale (SPA)[35]. La méthode SPA a été utilisée pour enquêter des aspects de la

---

[33] Otto Pötzl (1877 - 1962) est un neurologue et psychiatre autrichien. Il est considéré comme un des pionniers de la pathologie du cerveau. Il est surtout connu pour son travail au cours de son mandat à la *Vienne Psychiatric* et *Neurological Clinic*, où il rejoint le mouvement psychanalytique de Freud en devenant l'un de ses plus ardents défenseurs. De 1917 à 1933, il est membre de la Société psychanalytique de Vienne. Il a organisé une conférence sur la psychanalyse et la psychothérapie clinique, conscient du risque pour un scientifique de sa réputation.

[34] Freud se réfère aux expériences de Pötzl dans une note ajoutée à sa révision de 1919 de son *Interprétation des Rêves*.

[35] Balay J., Shevrin H. (1988), The subliminal psychodynamic activation method: A critical review, American Psychologist, 43, 161-174.

théorie psychanalytique[36], de la thérapie[37] et de la formation des symptômes[38]. Dans le domaine de la neuropsychanalyse, le potentiel évoqué est utilisé dans la recherche concernant la neurophysiologie des processus inconscients.

Howard Shevrin et ses collaborateurs ont présenté plusieurs études qui montrent que les potentiels évoqués peuvent être utilisés comme marqueurs pour des processus inconscients[39]. Shevrin et Fritzler sont considérés comme des pionniers dans l'étude des potentiels évoqués utilisant des stimuli subliminaux visuels. Howard

---

[36] Silverman L. H. (1987), Imagery as an aid to working through unconscious conflicts: A preliminary report, Psychoanalytic Psychology, 4, 45-64.

[37] Silverman L. H., Weinberger J. (1985), Mommy and I are one: Implications for psychotherapy, American Psychologist, 40, 1296-1308.

[38] Mendelson, E. M., Silverman, L. H. (1982), Effects of stimulating psychodynamically relevant unconscious fantasies on schizophrenic pathology. Schizophrenia Bulletin, 8, 532-547. Dauber R. (1984), Subliminal psychodynamic activation in depression: on the role of autonomy issues in depressed college women. Journal of Abnormal Psychology, 93, 9-16.

[39] Shevrin, H., Fritzler, D. (1968), Visual evoked response correlates of unconscious mental processes, Science, 161:295–298.

Shevrin, H. (1992), The Freudian unconscious and the cognitive uncoscious: Identical or fraternal twins?, in : Barron J., Eagle M., Wolitzky D., editors, Interface of Psychoanalysis and Psychology, pages 313–326, American Psychological Association.

Shevrin, H. (2001), Event-related markers of unconscious processes, International Journal of Psychophysiology, 42(2):209–218.

Shevrin a mené plusieurs recherches visant à étudier les potentiels évoqués liés à un événement à tonalité affective.

La méthode expérimentale est désormais utilisée pour mener des recherches sur des phénomènes de la clinique psychanalytique[40] et des concepts clefs de la psychanalyse freudienne[41]. La méthode expérimentale est utilisée également pour la confirmation d'observations cliniques[42].

La spécificité de ces recherches est l'insertion des contrôles expérimentaux dans les démarches méthodologiques. Les énoncés sont formulés selon

---

[40] Carhart-Harris R. (2007), Waves of the unconscious. The neurophysiology of dreamlike phenomena and its implications for the psychodynamic model of the mind. Neuropsychoanalysis 9 (2):183-211.

[41] Emde R. (1999), Une progression : les influences intégratrices des processus affectifs sur le développement et en psychanalyse, trad. fr., REVUE FRANÇAISE DE PSYCHANALYSE, 1/1999, pp. 189-216.
Brakel L.A.W., Shevrin H., Villa K.K. (2002), The priority of primary process categorizing: experimental evidence supporting a psychoanalytic developmental hypothesis. Journal of the American Psychoanalytic Association, 50, 483–505.
Carhart-Harris R. & al. (2012), Neural correlates of the psychedelic state as determined by fMRI studies with psilocybin, PNAS 109(6):2138-2143.

[42] Fonagy P., Steele M., Steele H., Leigh T., Kennedy R., Mattoon G., Target M. (1995), Attachment, the reflective self, and borderline states: The predictive specificity of the Adult Attachment Interview and pathological emotional development, in : S. Goldberg, R. Muir, And J. Kerr (Eds.), Attachment theory: Social, developmental and clinical perspectives, pp. 233-278, New York: Analytic Press.

les critères de vérifiabilité, soumis à des paradigmes expérimentaux, et certains énoncés sont formulés selon les critères de falsifiabilité.

Toutes ces recherches nous permettent de souligner un premier intérêt important de la neuropsychanalyse. Elle représente désormais un lieu de recherche qui, par sa rigueur et son évolution dans un espace d'interface entre la psychanalyse et les neurosciences, apporte progressivement les conditions de validité scientifique à la psychanalyse. Il est généralement admis que la constitution d'une science passe à travers trois moments : observation des faits, invention d'une hypothèse et la vérification ou réfutation expérimentale de l'hypothèse. La non-scientificité de la psychanalyse a essentiellement été formulée par l'absence de la troisième condition, notamment la vérification ou réfutation expérimentale de l'hypothèse. À présent, au sein de la neuropsychanalyse, il y a une tradition de recherche qui donne un appui empirique à certaines hypothèses qui constituent les fondements de la psychanalyse.

Le rêve

Un autre intérêt de la neuropsychanalyse est celui de pouvoir défendre certaines avancées de la psychanalyse. Pour développer cet aspect, nous allons prendre comme exemple le rêve[43].

Freud a révolutionné la manière de lire les rêves et il en a fait une voie royale pour accéder à l'inconscient. Il a construit tout un échafaudage théorique qui explique l'importance du rêve pour la psychanalyse. Freud définit le rêve comme la réalisation d'un désir infantile refoulé, qui correspond au contenu latent du rêve, sous une forme masquée qui correspond au contenu manifeste. La transformation du contenu latent en contenu manifeste, permettant ainsi l'accomplissement d'un désir sous forme d'un rêve, est le fruit du travail du rêve qui opère à travers quatre mécanismes : condensation (*Verdichtung*), déplacement (*Verschiebung*), prise en considération de la figurabilité (*Bücksicht auf Darstellbarkeit*), élaboration secondaire (*sekundäre Bearbeitung*). Les restes du jour ou restes diurnes sont des fragments d'expériences vécues le jour même ou les jours avant et servent de prétexte au travail du rêve pour réaliser un accomplissement d'un désir infantile refoulé[44]. Dans le milieu psychanalytique, les manières d'interpréter les rêves ont subi plusieurs remaniements, mais la conception du rêve comme voie royale pour accéder à l'inconscient n'a jamais

---

[43] Le contenu de ce paragraphe est extrait, en partie, des définitions suivante du « Dictionnaire de Neuropsychanalyse » : Rêve.

[44] Freud S. (1900), L'interprétation du rêve, Œuvres complètes, Vol. IV, PUF, 2003.

été remise en question. Il en est autrement dans le milieu neuroscientifique.

Dans les années soixante, la nature psychique du rêve est remise en cause par les travaux de Michel Jouvet. Les travaux de Michel Jouvet s'inscrivent dans l'idée partagée par les chercheurs, dans les années cinquante, impliqués dans les études sur le sommeil paradoxal selon laquelle le stade du sommeil est l'équivalent physiologique du rêve. Pendant les années soixante, Michel Jouvet[45] conduit les premières recherches sur la nature du rêve à travers des expériences d'ablations qui montrent que, d'un point de vue neurophysiologique, le phénomène du rêve est associé à un cycle mécanique contrôlé par une partie du cerveau, notamment le tronc cérébral, qui n'est pas le siège des états mentaux. Certaines structures cérébrales voisines au tronc cérébral sont responsables des états qui caractérisent le sommeil paradoxal, à savoir les mouvements oculaires, le rythme cardiaque et la respiration. Toutes ces données portent à soutenir l'idée que le rêve est la conséquence de processus physiologiques qui se déroulent dans cette partie du cerveau. En 1977, J. A. Hobson et R. McCarley présentent un modèle, appelé *modèle de l'activation synthèse*, qui explique l'activation du prosencéphale comme une tentative d'apporter une cohérence aux représentations insensées produites par le tronc cérébral. Les

---

[45] Jouvet M. (1967), Neurophysiology of the states of sleep, Physiological Reviews, 47:117-177.

hypothèses de Freud sur les rêves seraient ainsi invalidées, car elles seraient incompatibles avec les connaissances acquises sur le sommeil paradoxal, à savoir : le rêve ne repose pas sur la vie psychique, mais sur une activité neurobiologique déterminée génétiquement et les structures cérébrales impliquées dans le sommeil paradoxal démontre que le rêve est dénoué de pensée et ne repose sur aucune base motivationnelle. En 1976, lors du congrès annuel de l'American Psychiatric Association, Allan Hobson obtient un vote qui rend caduque la théorie du rêve avancée par Freud. Étant donné que Freud considérait les rêves comme la *voie royale* pour comprendre l'inconscient des patients, ce vote de 1976 apporte un discrédit important au mouvement psychanalytique en général.

À partir des années septante, l'étude des rêves devient un terrain d'entente, de convergence et de rapprochement entre la neuropsychologie et la psychanalyse. En 1992, Mark Solms, un des fondateurs de la neuropsychanalyse, présente au *Psychoanalysis Neuroscience Study Group* ses travaux sur le rêve, publiés en 1997, qui annoncent que le rêve et le sommeil paradoxal ne sont pas corrélés. Mark Solms le montre grâce aux récits de rêves en dehors des phases REM de patients avec, au niveau cérébral, des structures pontiques lésées. Il montre dans d'autres recherches qu'il y a une persistance des rêves parmi des patients ayant des lésions des régions du pont impliqué dans l'activation du sommeil paradoxal et qu'il y a une interruption des rêves chez des patients ayant des lésions de certaines parties du prosencéphale qui ne sont pas impliquées dans la production du sommeil paradoxal[46]. Une de ces parties du prosencéphale est l'aire de jonction des cortex occipital, temporal et pariétal située à l'arrière du prosencéphale. L'autre partie du prosencéphale dont la lésion provoque une absence totale de rêve se situe dans la substance blanche limbique de la partie ventromédiane des lobes frontaux. Il y a d'autres parties cérébrales qui, étant lésionnées, modifient les caractéristiques des rêves (augmentation de la fréquence, des cauchemars, déficience de l'imagerie visuelle des rêves) sans pour autant arrêter la production des rêves. Les résultats de ces études d'observations sur des cas de lésion sont confirmés par les recherches conduites par imagerie fonctionnelle[47]. Ces résultats comportent également la constatation de l'implication de la sphère émotive dans la production des rêves. Plus précisément, tous les systèmes de commande des émotions décrits par Jaak Panksepp sont fortement

---

[46] Solms M. (1997), The neuropsychology of dreams: a clinico-anatomical study, Hillsdale, Lawrence Erlbaum.

Kaplan-Solms K., Solms M. (2000), Clinical Studies in Neuro-Psychoanalysis, Karnac Books.

[47] Braun A., Balkin T., Wesenten N., Carson R., Varga M., Baldwin P. et coll. (1997), Regional cerebral blood flow throughout the sleep-wake cycle, Brain, 120, 1173–1197.

Braun, A., Saxena S., Schwartz J.M., Stoessel P.W., Maidment K., Phelps M.E., Baxter L.R. (1998), FDG-PET predictors of response to behavioural therapy and pharmacotherapy in obsessive compulsive disorder, Psychiatry Research, 84:1-6.

actifs pendant le déroulement des rêves du sommeil paradoxal. Cependant, les recherches concernant les états psychotiques permettent de mettre en évidence le système exploratoire et de le proposer comme la force motrice première du rêve[48]. Pendant l'éveil, le système exploratoire nous pousse à découvrir notre environnement. Il est raisonnable de penser que l'activation de ce système pendant le sommeil induit la production de rêves qui réalisent sous forme d'image des actions qu'on souhaite réaliser dans le monde réel.

L'affirmation de la non-scientificité de la théorie freudienne du rêve lors du congrès annuel de l'American Psychiatric Association en 1976 perd sa valeur. Ainsi, la conception neuroscientifique du rêve selon laquelle le sommeil paradoxal serait le substrat physiologique du rêve et qu'il serait donc sans pensée et motivation s'est révélée infondée. Cet exemple du rêve nous permet de souligner un autre intérêt que la neuropsychanalyse nous apporte. Mark Solms montre également une grande concordance entre les données neuroscientifiques et la conception freudienne du rêve, et il propose l'utilisation du modèle psychanalytique pour orienter les recherches neuroscientifiques sur le rêve. Cependant, il précise que la compatibilité

[48] Harmann E., Russ D., Oldfiedk M., Falke R., Skoff B. (1980), Dream content : Effects of L-DOPA, Sleep Research, 9:153.
Solms M., Turnbull O. (2002), Le cerveau et le monde interne, PUF, 2015.

entre les données neuroscientifiques et la théorie freudienne du rêve ne signifie pas pour autant que celle-ci soit validée per les neurosciences. La neuropsychanalyse peut apporter des réponses à des questions qui n'obtiennent pas des réponses satisfaisantes ou qui ne sont pas traitées par les neurosciences, car elles ne tiennent pas compte de la dimension de la subjectivité, singularité et signification personnelle, pourtant nécessaire pour progresser dans la compréhension du rêve. Celles qui rentrent parmi ces questions sont : les représentations du rêve émergent selon le hasard ou certains critères spécifiques, l'organisation des représentations est chaotique ou déterminé par des règles, est-ce que le rêve a un sens. La neuropsychanalyse offre donc des recherches qui permettent d'accroître le savoir sur certains aspects du fonctionnement psychique étudiés par les neurosciences.

Le Ça et la régression

Comme nous disions au chapitre précédent, un intérêt de la neuropsychanalyse est celui de fournir à présent, grâce à une étroite collaboration avec les neurosciences, les bases biologiques que Freud cherchait pour certaines fonctions de base de la théorie psychanalytique de l'esprit qui peuvent être finalement intégrées par la psychanalyse. Les avancées dans le domaine des neurosciences affectives et sociales ont fait donc renaître le souhait momentanément abandonné par Freud de renouer la psychanalyse avec les neurosciences.

Nous allons proposer deux exemples[49], la régression et le Ça, deux notions freudiennes auxquelles la neuropsychanalyse fourni une base ou un rapprochement biologique.

Le Ça, ou l'Es, est une des trois instances de la deuxième topique de l'appareil psychique qui recouvre en partie l'instance *Inconscient* de la première topique[50]. Freud conçoit le Ça comme un réservoir premier de l'énergie psychique (point de vue économique) et comme une instance psychique à partir de laquelle se différencient le Moi et le Surmoi, avec lesquels le Ça entre en conflit (point de vue dynamique). Le Moi est une partie du Ça qui a été modifié par la médiation du système *Perception-Conscience* (Pc-Cs) et qui est sous l'influence de l'environnement. Le conflit psychique n'est plus entre une instance consciente et une inconsciente, car le Moi est aussi en partie inconscient, mais entre le Moi et les motions pulsionnelles. Dans la première topique, l'instance *Inconscient* était générée par le refoulement, par contre, dans cette deuxième topique, c'est le Ça qui génère les autres instances. Cette instance, qui apparaît donc avant les autres, plonge ses racines dans un substrat biologique, et ses contenus et ses expressions psychiques des pulsions sont en partie

---

[49] Le contenu de ce paragraphe est extrait, en partie, des définitions suivante du « Dictionnaire de Neuropsychanalyse » : Ça, Régression.
[50] Freud S. (1923), Le moi et le ça, in : Œuvres complètes, XVI, Presses Universitaires de France, 1991.

héréditaires. Ces caractéristiques du Ça rendent possible une interprétation *biologisante* ou *naturalisante* de la deuxième topique.

Mark Solms et Kaplan Solms[51] proposent une localisation cérébrale du Ça. Les structures grises vitales qui entourent le quatrième ventricule seraient le centre névralgique du Ça et étendraient leur influence à travers le système réticulaire ascendant activateur (SRAA[52]). Les noyaux des structures grises peuvent être subdivisés en deux groupes : les noyaux ou centres segmentaires et les noyaux ou centres supra-segmentaires. Ce sont des noyaux gris plus volumineux qui constituent des relais sur les voies motrices extra-pyramidales et des relais sensitifs ou sensoriels. Parmi ces noyaux, il y a la formation réticulée, réseau dense de cellules nerveuses, qui s'étend le long du tronc cérébral, plus précisément du bulbe rachidien à l'hypothalamus. On y trouve un système réticulaire ascendant activateur, car il mettrait le cortex cérébral en état de veille ou d'alerte, et un système réticulaire descendant dont une partie serait inhibitrice et l'autre activatrice de la motricité involontaire ayant un rôle important dans le contrôle du tonus musculaire. Le siège du Ça — les

---

[51] Kaplan-Solms K., Solms M. (2000), Clinical Studies in Neuro-Psychoanalysis, Karnac Books.
[52] Le Système réticulaire activateur ascendant (SRAA) est constitué de noyaux thalamiques, de l'aire tegmentale, de certaines parties de l'hypothalamus, du noyau parabrachial, de la SGPA (substance grise péri-aqueducale), du locus coeruleus, des noyaux du raphé et de la formation réticulée.

structures grises vitales qui entourent le quatrième ventricule — étend son influence à travers le système réticulaire ascendant activateur lequel est influencé par les régions corticales postérieures et les régions corticales antérieures. Premièrement, il est influencé par les informations provenant des régions corticales postérieures qui reçoivent une valeur de priorité par les désirs et les dangers biologiques. Deuxièmement, le système réticulaire ascendant activateur est influencé par des programmes finalisés vers un but élaboré au moyen de l'outil linguistique des régions corticales antérieures qui contrôlent et fait un monitorage continu du cortex postérieur. Autrement dit, la constatation que le Ça accède facilement aux strates corticales postérieures contrôlées par les régions corticales signifie, en termes psychanalytiques, que le Ça influence la réalité et il est également influencé indirectement par la médiation du Moi qui s'est développé, dans les strates corticales extérieures, à partir du Ça grâce à l'expérience. Nous retrouvons ainsi une des caractéristiques du Ça décrite par Freud, notamment que le Ça est une instance psychique à partir de laquelle se différencient le Moi et le Surmoi.

Selon Mark Solms, cette caractéristique du Ça d'être en contact direct avec le monde extérieur, bien qu'il ait son siège dans les parties plus profondes de l'esprit, est également en concordance avec les données neuroscientifiques. En effet, le Ça est en contact direct avec le monde extérieur grâce à trois zones importantes, car les structures viscérales émergent au niveau cutané des orifices muqueux de la bouche, de l'anus et des organes génitaux. Les zones érogènes décrites par la théorie classique de la libido pourraient correspondre au siège de ces trois orifices, que Mark Solms et Jaak Panksepp décrivent avec précaution comme des organes *sensori-moteurs* du Ça. Ces auteurs poussent leur raisonnement aussi loin que leur ait permis dans leur domaine de recherche et disent que si le Moi contrôle les organes moteurs et sensoriels à la périphérie du corps, le Ça domine les organes vitaux de l'intérieur du corps, parmi lesquelles il faut inclure les organes intérieurs viscéraux et reproductifs. En s'appuyant sur les connaissances issues de la biologie, ces auteurs n'hésitent pas à soutenir l'idée que le noyau du Ça se structure autour du système reproductif. Cependant, cette dernière conclusion demande des recherches approfondies dans le domaine des relations fonctionnelles entre les viscères et la périphérie somatique.

Dans un cadre neuropsychanalytique, Mark Solms et Jaak Panksepp[53] soutiennent une vision neuro-psycho-évolutionniste de la formation de l'esprit reliée avec le modèle psychanalytique classique qui postule que le Moi — fonction cognitive plus haute — se forme à partir du Ça, siège des expériences affectives. En s'appuyant sur

---

[53] Solms M., Panksepp J. (2012), The "Id" Knows More than the "Ego" Admits: Neuropsychoanalytic and Primal Consciousness Perspectives on the Interface Between Affective and Cognitive Neuroscience, Brain Sci., 2012, 2, 147-175.

une quantité abondante de données issues de la neuro-évolution, ces chercheurs montrent que la conscience n'est pas une fonction cérébrale plus haute, car l'essentiel de sa nature est d'être une forme fondamentale d'expérience phénoménale, forme que l'animal possède aussi. Si on tient compte de la concentration de fonctions cérébrales concernant les *récompenses* et *punitions* dans différentes régions sous-corticales du tronc cérébral, il est difficile d'un point de vue évolutionniste exclure les animaux du cercle des êtres vivants qui vivent des états de conscience. Initialement, ce sont les expériences perceptives affectives, dont l'individu a conscience et qui se produisent au niveau du tronc cérébral, qui fournissent l'énergie pour la construction des formes plus haute de la conscience cognitive. En d'autres termes, c'est à partir des réseaux sub-neocorticaux que se construisent les processus cognitifs plus haut au niveau du néocortex. Ce point de vue est en concordance avec les deux caractéristiques essentielles du Ça décrites par Freud, notamment le Ça comme un réservoir premier de l'énergie psychique et comme une instance psychique à partir de laquelle se différencient le Moi et le Surmoi. Cette différenciation peut se réaliser parce que le Ça serait sous l'influence de l'environnement par la médiation du système *Perception-Conscience* (Pc-Cs), et serait donc en contact avec le monde extérieur.

La régression désigne le retour du sujet à des étapes dépassées de son développement (stades libidinaux, relations d'objet, etc.). Freud emploie également le terme de régression pour décrire trois différents processus du rêve correspondants à trois formes de régression. La première forme de régression, nommée topique, se réfère à la régression du système conscient au système inconscient où règne le processus primaire qui se caractérise par une satisfaction hallucinatoire. La deuxième, nommée *temporelle*, se réfère au retour de formations psychiques plus anciennes. La troisième forme de régression, nommée *formelle*, se réfère aux modalités primitives de présentation des images sensorielles qui sont différentes des modalités de la pensée de veille.

Mark Solms et Oliver Turnbull[54] proposent un rapprochement entre la régression qui se produit pendant la production des rêves comme elle était formulée par Freud et le phénomène d'inversion de la hiérarchie du traitement des données perceptives visuelles par les différentes aires visuelles. Pendant l'éveil, la première zone cérébrale est le cortex visuel primaire qui traite les informations provenant de la rétine. Une lésion de cette partie provoque une cécité corticale. Cette même lésion ne provoque aucun trouble pendant le rêve, car le sujet continue à voir parfaitement les images des rêves. Pendant le rêve, cette lésion affecte les mêmes aspects de l'état d'éveil (par exemple, le sujet ne voit pas en couleur les images ou il ne peut

---

[54] Solms M., Turnbull O. (2002), Le cerveau et le monde interne, PUF, 2015.

reconnaître aucun visage dans le rêve). La deuxième zone s'occupe du traitement des couleurs, des mouvements, etc. Une lésion de cette partie cérébrale est responsable des incapacités à percevoir les couleurs, reconnaître des visages, etc. La troisième zone visuelle s'occupe des aspects abstraits des informations visuelles. Une lésion de cette zone provoque des troubles de fonction abstraite comme l'incapacité à écrire (agraphie), à calculer (acalculie), etc. Cette même lésion provoque pendant la nuit une absence de rêve.

Critiques et craintes envers la neuropsychanalyse

Malgré ces différents intérêts de la psychanalyse et les remarquables résultats qu'elle a déjà obtenus, la plupart des psychanalystes n'affichent pas un grand intérêt envers elle. Il y a plusieurs raisons qui peuvent expliquer une telle attitude. Certaines raisons s'enracinent dans des peurs, d'autres proviennent d'une méconnaissance des neurosciences ou d'une certaine conception de la psychanalyse ou conception concernant la relation entre le cerveau et l'activité psychique. Une étroite collaboration entre la psychanalyse et les neurosciences génère la peur que la psychanalyse puisse se dénaturer et qu'une psychanalyse *biologisante* voie le jour. Cette collaboration soulève une autre crainte, qui est celle de réduire des concepts psychanalytiques à des concepts neurobiologiques. Cette crainte est infondée, comme le souligne Eric Kandel[55], car les programmes de ces deux domaines de recherche peuvent converger seulement sur quelques points, car ils sont essentiellement différents.

Il y a une tendance, qui s'affirme depuis quelques décennies, des milieux psychanalytiques à se replier sur eux-mêmes. Les psychanalystes se réfèrent essentiellement aux textes de Freud ou de Lacan et aux connaissances datées qui s'y retrouvent. Cela produit un appauvrissement des connaissances des autres domaines et une méfiance vis-à-vis des nouveaux domaines de recherche, par exemple la neuropsychanalyse.

La crainte d'une ingérence d'un matérialisme, qui est en faveur de l'idée que la pensée est identique au fonctionnement du cerveau et correspond aux processus neurophysiologiques qui s'y déroulent, amène à se retrancher derrière un dualisme des attributs ou des propriétés qui consiste à concevoir à côté des propriétés corporelles ou physiques qui se trouvent dans le corps humain, d'autres propriétés d'une espèce différente et originale propres au cerveau et système nerveux central.

---

[55] Kandel E. (1998), A new intellectual framework for psychiatry, Am J Psychiatry, 1998;155:457–69. Kandel E. (1999), Biology and the future of psychoanalysis: a new intellectual framework for psychiatry revisited. American Journal of Psychiatry ,156, 4, 505-524. Traduction : Un nouveau cadre conceptuel de travail pour la psychiatrie, Evol. Psychiatr 2002 ; 67 (1) : 1-278.

L'approche épistémologique concernant la relation entre le cerveau et l'esprit qui appuie le mieux un tel espace occupé par la neuropsychanalyse est la théorie du double aspect, un des trois courants monistes. La théorie du double-aspect considère que les termes mental et physique désignent deux aspects d'une même substance, mais considère également que cette même substance est perçue de deux façons différentes. Dans cet espace occupé par la neuropsychanalyse, on tient compte de l'interférence des deux modèles, l'un issu des neurosciences et l'autre de la psychanalyse. Ainsi, un événement de l'activité de la pensée a une activité cérébrale qui lui correspond, et vice-versa, une altération cérébrale a des effets sur la pensée.

Le maintien de deux espaces, l'un où nous situons les énoncés de la psychanalyse et l'autre où nous situons les énoncés de la neuropsychanalyse, a l'avantage de souligner la spécificité de chaque espace et d'empêcher de réduire un domaine à l'autre. La psychanalyse doit rester un espace des propositions subjectives, un espace de la spéculation, de la création. Dans cet espace, la théorie recouvre une fonction propre qui se réfère au mouvement analytique et sur laquelle nous nous sommes déjà arrêtés. Cet espace mettrait en outre à l'abri le risque de confondre les différents plans épistémologiques entre les différents domaines de recherche.

Il y a des psychanalystes qui sont critiques envers un tel espace de recoupement entre la psychanalyse et les neurosciences, car ils défendent l'idée que tout énoncé psychanalytique relève du sens et de la vérité psychique. Voici la conclusion d'une critique radicale à la neuropsychanalyse qui est un exemple :

« *Nous sommes d'avis que la perspective biologique qui sous-tend la neuropsychanalyse va à l'encontre de l'essence même du point de vue psychanalytique. Alors que des tenants de la neuropsychanalyse prétendent qu'ils ne cherchent pas à englober le domaine psychologique dans le domaine biologique (voir Solms, 1995, 1997b ; Kandel, 1999, p. 519 ; Westen and Gabbard, 202a, p. 58-60), nous constatons que la neuropsychanalyse attribue néanmoins à la biologie des significations qui sont fort éloignées de la notion de sens et de vérité psychique qui sont au fondement de la psychanalyse. Or, les neurosciences ne captent aucunement ce qui constitue précisément notre préoccupation majeure, c'est-à-dire le sens et la vérité psychiques situés au cœur de la psychanalyse. Par ailleurs, selon le point de vue psychanalytique, du fait que le sens et la vérité psychique échappent jusqu'à un certain point à notre connaissance et qu'ils sont sans cesse en évolution, ces notions restent étrangères au champ neuroscientifique pour qui la réalité mentale constitue un substrat biologique donné...[56]*».

L'histoire des théories psychanalytiques montre plutôt que plusieurs énoncés ne relèvent pas

---

[56] Blass R. B., Zvi C. (2008), Plaidoyer contre la neuropsychanalyse, L'Année psychanalytique internationale, 2008/1, Volume 2008.

directement du sens et de la vérité psychique, car la psychanalyse a acquis un haut niveau d'abstraction ayant comme but la description d'un fonctionnement psychique qui s'éloigne du sens et de la vérité psychique individuelle. Cet aspect est bien indiqué dans une définition de la psychanalyse que Freud propose dans un article publié en 1922 pour une encyclopédie: « La psychanalyse est le nom : 1. d'un procédé pour l'investigation de processus mentaux à peu près inaccessibles autrement ; 2. d'une méthode fondée sur cette investigation pour le traitement de désordres névrotiques ; 3. d'une série de conceptions psychologiques acquises par ce moyen et qui s'accroissent ensemble pour former progressivement une nouvelle discipline scientifique »[57]. Les points 1 et 2 relèvent d'une expérience subjective alors que le point 3 vise à constituer un échafaudage théorique où les énoncés s'éloignent du sens et de la vérité psychique individuelle. Certains de ces énoncés se rangent parmi des notions abstraites, d'autres se réfèrent directement au corps biologique, comme celles de « quantum d'énergie » ou de « libido ». Concrètement, les arguments des débats entre les psychanalystes ou des publications couvrent rarement des énoncés qui relèvent du sens et de la vérité psychique. Une publication centrée uniquement sur un cas clinique, comme les écrits

---

[57] Freud S. (1922), « *Psychanalyse, Théorie de la Libido* ». Encyclopédie Britannica.

de Freud « L'homme au rat ou Le cas Dora », ne sort plus. C'est dans ce genre de publication qu'il est possible de rester plus près aux énoncés singuliers d'un patient. On est surtout spectateurs de débats qui tournent autour de notions abstraites qui s'enracinent dans des orientations où les psychanalystes continuent à défendre avec ténacité leurs propres références théoriques comme si elles étaient les seules à décrire avec exactitude le fonctionnement psychique et à permettre au patient de mener à bon leur analyse. On peut assister également à de vraies guerres intellectuelles entre des groupes d'une même orientation. Dans un tel contexte, la neuropsychanalyse est un atout parce que son souci est d'amener davantage un appui empirique ou biologique à des notions psychanalytiques que des spéculations qui se nourrissent d'une logique de cloisonnement intellectuel. Dans les programmes de recherche, de vieilles notions psychanalytiques qui ne sont plus ou peu reprises dans certains milieux psychanalytiques peuvent à nouveau attirer l'attention des psychanalystes si elles apparaissent au centre de recherches scientifiques. Prenons l'exemple de la notion de libido. Freud propose cette notion pour désigner l'aspect psychique des pulsions sexuelles. C'est l'énergie, considérée comme une grandeur quantitative, des pulsions sexuelles. Dans *Au-delà du principe de plaisir* (1920), Freud propose un développement théorique de la notion de libido qui montre qu'elle recouvre aussi bien le niveau cellulaire que celui de l'appareil psychique. Ainsi, Freud établit avec la notion de libido une continuité avec la présentation neurobiologique de l'appareil psychique donnée dans l'*Esquisse pour une psychologie scientifique*. Jaak Panksepp, promoteur d'une neuroscience affective, soutient l'idée que la psychanalyse s'est débarrassée prématurément des métaphores énergétiques, comme celle de libido dans la pensée freudienne, pour prendre comme des métaphores informatiques alors que les processus émotionnels et affectifs ont un réel caractère de pressions et de pulsions qui guident le comportement.

Les références au biologique remettent sur le tapis la crainte d'une mise en place d'une perspective biologisante de la psychanalyse qui s'éloignerait du sens et de la vérité psychiques situés au cœur de la psychanalyse. Cette perspective balaierait également une certaine fonction de la théorie en psychanalyse qui n'est pas seulement celle de constituer un corpus cohérent sur le fonctionnement psychique, mais celle de rendre compte d'une logique d'ouverture de l'inconscient. Le risque d'une mise en place d'une perspective biologisante de la psychanalyse ne doit pas être exclu. Si on conçoit la neuropsychanalyse comme une nouvelle forme de psychanalyse qui se constitue à partir des avancées des neurosciences, alors la neuropsychanalyse s'insère effectivement dans une perspective biologisante de la psychanalyse. Une telle perspective amènerait tôt ou tard à reproduire certains phénomènes malsains qu'on retrouve dans les communautés psychanalytiques. Par exemple, il n'est pas rare d'entendre dire par un psychanalyste qui défend une orientation proclamer ce qu'est une psychanalyse et ce qui ne l'est pas. Si, au départ, c'était surtout au nom d'une orientation qu'on se sentait autoriser à faire ce genre de proclamation, ensuite, une autre tendance s'est mise en place : chacun, qui s'autorise par lui-même comme psychanalyste, s'autorise par lui-même à considérer la pratique d'un tel comme psychanalyse. Chacun s'octroie le droit de jugement sur ce qu'est la psychanalyse. De tels jugements malsains pourraient se reproduire dans le milieu neuropsychanalytique si on la concevait comme une nouvelle forme de psychanalyse. Dans un tel contexte, l'autorisation à formuler un tel jugement serait donnée par la Science avec un S majuscule. On devrait également s'attendre à un cloisonnement intellectuel et à un tri de recherche suivant l'orientation psychanalytique. Heureusement, aucun de ces aspects n'apparaît encore. La revue *Neuropsychoanalysis*[58], qui est une revue qui constitue l'organe officiel de la Société internationale de neuropsychanalyse, publie les recherches de différentes orientations psychanalytiques. Les buts que cette revue s'est donnés sont les mêmes de la Société internationale de neuropsychanalyse, à savoir : promouvoir le travail interdisciplinaire entre les champs de la

---

[58] La *Neuropsychoanalysis* est une revue qui a été fondée par Mark Solms et Edward Nersessian.

psychanalyse et des neurosciences, former des psychanalystes et des neuroscientifiques sur des thèmes d'intérêt commun et fournir un moyen pour communiquer les résultats des recherches interdisciplinaires en neurosciences et psychanalyse[59].

Révisionnisme

Mais que faut-il faire lorsque la neuropsychanalyse invalide une notion

---

[59] Le texte proposé par la revue qui explique un objectif est le suivant : « L'objectif de ce Journal est de créer un dialogue continu dont le but est de réconcilier les perspectives psychanalytiques et neuroscientifiques de l'esprit. Cet objectif est basé sur l'hypothèse que ces deux disciplines divisées par leur histoire poursuivent, en dernière analyse, la même tâche, à savoir "parvenir à rendre la complexité du fonctionnement mental intelligible en en disséquant les fonctions et en assignant ses différents aspects à des parties différentes de l'appareil psychique" (Freud, L'interprétation du rêve). Malgré le fait que psychanalyse et neurosciences ont approché cette importante tâche scientifique à partir de perspectives radicalement différentes, l'unité sous-jacente de leur démarche est devenue de plus en plus évidente ces dernières années, à partir du moment où les neuroscientifiques ont commencé à investiguer ces "complexités du fonctionnement mental" qui étaient traditionnellement l'apanage de la psychanalyse. » Texte repris par Robert Marianne dans son article : « La neuropsychanalyse dans le texte. », *REVUE FRANÇAISE DE PSYCHANALYSE* 2/2007 (Vol. 71), p. 545-553, URL : www.cairn.info/revue-francaise-de-psychanalyse-2007-2-page-545.htm

psychanalytique ? Prenons comme exemple le rêve et supposons que la neuropsychanalyse confirme l'hypothèse d'Allan Hobson selon lequel le rêve n'a aucun sens. Une telle invalidation n'aurait probablement aucun impact sur une bonne partie des communautés psychanalytiques, car elles fonctionnent désormais en vase clos. Parmi les psychanalystes réceptifs aux recherches de la neuropsychanalyse, une telle invalidation pourrait avoir un impact sur la pratique et la théorie. Du côté de la pratique, le psychanalyste n'empêcherait pas le patient de raconter ses rêves s'il le souhaite, car la règle fondamentale énonce qu'il peut dire tout ce qu'il lui passe par l'esprit, mais son écoute serait différente et le temps qu'il accorderait aux interprétations serait probablement aussi différent. Du côté de la théorie, il ne serait plus favorable à appuyer l'idée que le rêve est la voie royale de l'inconscient. Enfin, il pourrait revoir la théorie psychanalytique en fonction de cette invalidation du rêve. Dans ce dernier cas, le psychanalyste se situerait dans un courant pragmatique au sein de la psychanalyse appelé « révisionnisme ». C'est un courant qui accepte les apports des neurosciences pour faire évoluer la théorie psychanalytique. Les psychanalystes faisant partie de ce courant ne se limitent pas à rechercher des analogies entre la psychanalyse et les neurosciences ou des confirmations de ses propres concepts par celles-ci, mais sont disposés à plier les concepts de la psychanalyse aux données de la science[60]. Les neurosciences seraient alors un allié pour poursuivre les spéculations et les théorisations psychanalytiques.

Critiques envers le traitement psychanalytique

Les grandes critiques envers la psychanalyse portent essentiellement, comme nous disions, sur deux domaines. Le premier, sur lequel nous nous sommes arrêtés amplement, est le domaine de l'épistémologie ; le deuxième est celui de l'efficacité du traitement sur lequel nous allons nous arrêter maintenant.

En 2004[61], dans le paysage francophone, il y a une critique qui provient de l'Institut national de la santé et de la recherche médicale sur l'évaluation des psychothérapies, demandé par les fédérations des usagers. Le rapport de cette évaluation apporterait la preuve d'une supériorité des thérapies cognitivo-comportementales (TCC), dans la majorité des troubles mentaux, par rapport aux thérapies d'orientation psychodynamique.

Ce rapport s'inscrit dans un climat culturel intellectuel qui méconnaît une longue tradition de

[60] Malaguarnera S. (2016), Dictionnaire de neuropsychanalyse, pp. 401-402.
[61] Institut national de la santé et de la recherche médicale, Psychothérapie : trois approches évaluées, Paris, 2004.

recherches extracliniques empiriques dans le domaine de la psychanalyse et des psychothérapies d'orientation psychanalytiques.

Recherches extracliniques empiriques

Il y a toute une tradition d'études de recherches extracliniques empiriques pour évaluer l'efficacité thérapeutique dans le domaine des psychothérapies psychanalytiques. Robert S. Wallerstein a retracé minutieusement l'histoire de cette tradition à partir de 1917. Il y a plusieurs orientations de recherches. Il y a celles qui se fondent sur des études rétrospectives à travers des critères d'évaluation non-spécifiques qui montrent la réussite des traitements psychanalytiques[62].

D'autres recherches se sont appuyées sur des méthodes de recherche plus élaborées qui ont opérationnalisé les critères pour évaluer l'efficacité du traitement analytique. À travers ces critères, les recherches prouvent qu'environ 80% des

---

[62] Coriat, I. (1917). Some statistical results of the psychoanalytic treatment of the psychoneuroses. Psychoanalytic Review, 4: 209– 216; Fenichel, O. (1930). Statistischer Bericht über die therapeutische Tätigkeit 1920-1930. In: Zehn Jahre Berliner Psychoanalytisches Institut. Wien: Verlag Internationale Psychoanalyse, 13–19; Knight, R.P. (1941). Evaluation of the results of psychoanalytic psychotherapy. American Journal of Psychiatry, 98: 434–446.

traitements ont été efficaces[63]. La dimension subjective qui peut refléter le processus psychanalytique a été également amenée dans les recherches à travers les interviews de catamnèse psychanalytiques[64]. Ces études confirment également l'efficacité des traitements psychanalytiques. Il y a des recherches qui se focalisent sur des études systématiques de cas individuel sur une brève ou longue durée. Marianne Leuzinger-Bohleber a exposé, lors d'une

---

[63] Knapp, P.H., Levin, S., McCarter, R.H., Wermer, H., Zetzel, E. (1960). Suitability for psychoanalysis: A review of one hundred supervised analytic cases. Psychoanalytic Quarterly, 29:459-477; Sashin, J.I., Eldred, S.H., Van Amerongen, S.T. (1975). A search for predictive factors in institute supervised cases: A retrospective study of 183 cases from 1959-1966 at the Boston Psychoanalytic Society and Institute. International Journal of Psycho-Analysis, 56:343-359; Weber, J.J., Bachrach, H.M., Solomon, M. (1985a). Factors associated with the outcome of psychoanalysis: Report of the Columbia Psychoanalytic Center Research Project (II). International Review of Psycho-Analysis, 12:127-141; Weber, J.J., Solomon, M., Bachrach, H.M. (1985). Characteristics of psychoanalytic clinic patients: Report of the Columbia Psychoanalytic Center Research Project (I). International Review of Psycho-Analysis, 12:13-24.
[64] Pfeffer, A.Z. (1959). A procedure for evaluating the results of psychoanalysis - A preliminary report. Journal of the American Psychoanalytic Association, 7:418-444; Norman, H.F., Blacker, K.H., Oremland, J.D., Barrett, W.G. (1976). The fate of the transference neurosis after termination of a satisfactory analysis. Journal of the American Psychoanalytic Association, 24:471-498; Schlessinger, N. (2008). Psychoanalysis as an empirical interdisciplinary science, ed. by Patrizia Giampieri-Deutsch.

conférence dans le cadre de l'Association Psychanalyse et Psychothérapies (APEP) (Paris, 2000) (1), une étude[65] sur l'évaluation des traitements psychanalytiques, effectuée en collaboration avec Manfred Beutel, Ulrich Stuhr, Berhard Rüger. Certes, le traitement psychanalytique ne se prête pas facilement à des études empiriques, car les protocoles de recherche exigent des conditions qui s'appliquent moins facilement à des traitements à long terme qui caractérisent le traitement psychanalytique. Des difficultés rencontrées par l'application d'un protocole strict de recherche à un traitement à long terme sont : les randomisation et standardisation des études sur les résultats, la mise en place d'un groupe de contrôle, affectation aléatoire, l'interruption du traitement pour des raisons différentes compréhensibles étant donné la longue durée du traitement, mais qui affectera l'évaluation précise des résultats. À ces difficultés, il y en a d'autres concernant l'objectif qui, dans le domaine de la psychanalyse, ne se résume pas en un seul. À partir de la littérature classique, A. Semi[66] a repéré quatre difficultés : la psychanalyse comme thérapie, comme rééducation, comme processus de

---

[65] Alain Braconnier a écrit un résumé de cette conférence : « Présentation et résumé de la conférence de Marianne Leuzinger-Bohleber présentée lors de la journée organisée par l'Association Psychanalyse et Psychothérapies, le 9 novembre 2000 à Paris », *LE CARNET PSY* 6/2002 (n° 74), p. 38-41.

[66] Semi A.A. (a cura di) (1988), Trattato di psicoanalisi, Vol. I. e II, Cortina.

connaissance et maturation. Malgré ces difficultés, plusieurs recherches ont été menées sur des traitements à long terme, ou bien, pour les réduire, certaines recherches se sont centrées sur des traitements psychanalytiques à court terme (moins de 40 séances). Une étude de Nilsson et ses collaborateurs[67] présente des objectifs atteints par le traitement psychanalytique qui investissent plus la personnalité dans son ensemble, et plus particulièrement les améliorations concernent le vécu relationnel avec les autres et avec la société et les difficultés propres à l'existence humaine. L'efficacité du traitement psychanalytique à long terme sur des patients ayant des problèmes spécifiques du fonctionnement de la personnalité a

---

[67] Nilsson T., Svensson M., Sandell R., Clinton D. (2007,2008), Patients' experiences of change in cognitive-behavioral therapy and psychodynamic therapy: a qualitative comparative study, Psychotherapy Research.

été présentée par quelques études[68] ou sur des patients ayant différentes problématiques[69].

Plus récemment, Jonathan Shedler[70] a mené une étude statistique à partir de nombreuses études empiriques sur l'efficacité du traitement psychanalytique et il en a conclu que les psychothérapies d'orientation psychanalytique sont au moins aussi efficaces que les thérapies cognitives et comportementales, voire même une plus grande efficacité. De plus, cette étude montre que ce qui rend efficaces les autres thérapies, par exemple les TCC, serait l'utilisation des *principes actifs* provenant de la théorie et de la pratique psychodynamiques, notamment le transfert et les interprétations.

---

[68] Bateman, Fonagy P. (1999), Effectiveness of partial hospitalization in the treatment of borderline personality disorder: a randomized controlled trial, Am. J. Psychiatry; Leichsenring F., Rabung S. (2008), The effectiveness of long-term psychodynamic psychotherapy: a meta-analysis, Journal of the American Medical Association (JAMA). Lief E.R. (1992), Preliminary guidelines for single-case research, Modern Psychoanalysis, 17:231–250.

[69] Leichsenring F., Rabung, S., Leibing E. (2004), The efficacy of short-term psychodynamic psychothérapy in specific psychiatry disorders: A meta-analysis, Archives of General Psychiatry, 61, 1208-1216; Abbass A., Hancock J., Henderson J., Kisely S. (2006), Short-term psychodynamic psychotherapies for common mental disorders, Cochrane Database of systematic Rewiew, Issue 4, Article 4 CD; De Maat S., De Jonghe F., Schoevers R., Dekker J. (2009), The effectiveness of long term psychoanalytic therapy: A systematic reviewof empirical studies, Harvard Review of Psychiatry, 17, 1–23.

[70] Shedler J. (2010), The efficacy of Psychodynamic Psychotherapy, American Psychologist, 65 (2), 98 –109.

L'apport neuropsychanalytique

Eric Kandel[71] propose d'étudier les actions d'une psychothérapie dans le cadre de ces relations dynamiques et multiples entre génétique, environnement et individu. Concrètement, il suggère d'étudier les progrès d'une psychanalyse grâce aux améliorations des techniques d'imagerie cérébrale ayant comme hypothèse que les changements durables qu'elle opère dans les attitudes, les habitudes et les comportements conscients et inconscients du patient produisent également des modifications dans l'expression génétique qui produisent des changements structuraux dans le cerveau. Ainsi, les relations dynamiques entre génétique et environnement deviennent un terrain fertile pour l'étude des effets d'une psychothérapie. La neuropsychanalyse pourrait effectivement se charger de ce type de vérification et l'insérer parmi ses programmes de recherche dans le domaine *extraclinique*. La longue tradition des recherches extracliniques empiriques dans le domaine de la psychanalyse se trouverait ainsi enrichie par un nouveau paradigme de recherche empirique.

---

[71] Kandel E.R. (1997), Un nouveau cadre conceptuel de travail pour la psychiatrie, Evol. Psychiatr. 2002, 67 (1) : 1-278.

Conclusion

Voici, sous forme de diagramme, un résumé de ce que nous avons développé dans ce paragraphe :

Psychanalyse

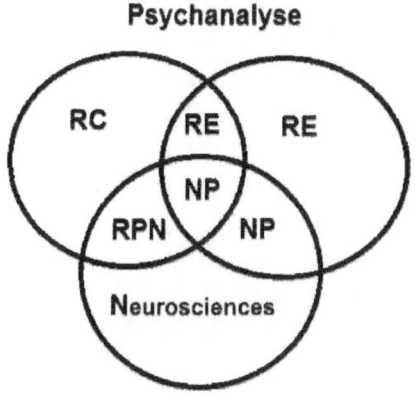

RC = Recherches clinique et conceptuelle en psychanalyse

RE = Recherche empirique en psychanalyse

NP = Neuropsychanalyse

RPN = Rapprochement entre psychanalyse et neurosciences

L'ensemble « RC » est l'ensemble des recherches cliniques et conceptuelles dans le domaine de la psychanalyse qui s'étendent sur plus d'un siècle.

Cet ensemble regroupe la recherche clinique psychanalytique qui représente le cœur de la psychanalyse et qui s'effectue dans l'intimité de la situation psychanalytique. Au paragraphe « la fonction de la théorie en psychanalyse », nous avons traité des aspects qui caractérisent cette recherche clinique, notamment l'aspect subjectif et herméneutique critique. Limitons-nous ici à souligner des points essentiels qui se réfèrent à la méthodologie de recherche. Le psychanalyste recueille des données à partir des observations lors des séances, il les met en perspective avec certaines théories auxquelles il se réfère. Si celles-ci sont insatisfaisantes à expliquer certains aspects, il propose une autre formulation. Il présente ses réflexions lors des réunions ou sous forme d'écrit et publications. Les débats qui s'ensuivent permettent de mettre en évidence les points critiques. L'objet de la psychanalyse peut être décrit à la fois comme les productions fantasmatiques et conflits inconscients, à la fois comme les effets de la parole (ceux-ci se situent plus dans une orientation lacanienne). Le champ d'études électif où pouvoir observer ces phénomènes et les analyser est précisément l'analyse, car elle dévoile le micro-univers de l'analysant à travers la mise en acte de l'inconscient sous ses multiples formes. La plupart des connaissances dans le domaine de la psychanalyse acquise au cours d'un siècle découlent de cette méthode. D'un point de vue géographique, cette méthode continue à être dominante dans la psychanalyse française et dans une partie des sociétés de l'IPA latino-américaine. Les recherches clinique et conceptuelle se fondent sur cette méthode. Dans la psychanalyse française, la recherche conceptuelle a atteint des niveaux très élevés de développements et approfondissements, car elle a été menée avec l'apport de la philosophie, logique et topologie. Ces avancées de la recherche conceptuelle dans le paysage francophone ont suscité une vague de séduction envers les intellectuels, les écrivains, les artistes et les chercheurs d'autres disciplines. Malheureusement, en augmentant le niveau d'abstraction de la recherche conceptuelle, celle-ci s'est éloignée de la recherche clinique. Le danger est prévisible. Lorsqu'on atteint un niveau d'abstraction élevé, ce n'est plus le concept qui est au service d'une donnée clinique, mais l'inverse, ce n'est plus la recherche conceptuelle qui est soumise à la recherche clinique, mais la recherche clinique qui est soumise à la recherche conceptuelle. Les cas cliniques sont de moins en moins au centre de l'attention et, quand une vignette clinique est présentée, c'est plus pour présenter un concept que le problématiser.

L'ensemble « RE » représente la longue tradition de recherche empirique dans le domaine de la psychanalyse. Nous avons surtout présenté les recherches extracliniques empiriques dans la recherche en psychothérapie psychanalytique pour évaluer l'efficacité thérapeutique. D'un point de vue géographique, le paradigme de recherche empirico-quantitative s'est surtout répandu dans la psychanalyse anglo-saxonne et la psychanalyse germanophone.

La neuropsychanalyse est représentée par la partie d'intersection « NP » avec l'ensemble « RE » parce qu'elle ajoute à la tradition de recherche empirique dans le domaine de la psychanalyse les apports des neurosciences. La neuropsychanalyse est également représentée par la partie d'intersection « NP » avec la psychanalyse, car elle représente l'espace où on cherche à faire dialoguer la psychanalyse et les neurosciences. La neuropsychanalyse est le domaine d'étude scientifique du psychisme humain qui privilégie les travaux empiriques plutôt que la spéculation et regroupe les recherches impliquant différentes méthodes qui se situent le long de la frontière entre la psychanalyse et les neurosciences. Mais, la neuropsychanalyse est également un lieu d'échange entre neuroscientifiques et psychanalystes où se précise une dimension épistémologique et pragmatique permettant une articulation entre les neurosciences et la psychanalyse.

La partie d'intersection entre la psychanalyse et les neurosciences « RPN » représente l'espace où se situent ceux qui proposent des rapprochements entre psychanalyse et neurosciences sans vouloir se réclamer de la neuropsychanalyse. Ces auteurs se limitent à développer des notions qui se situent en interface avec les neurosciences sans faire intervenir des paradigmes de recherches empiriques. Parmi ces auteurs, il y en a qui proposent des développements bien documentés (François Ansermet et Pierre Magistretti) et d'autres qui se situent plus du côté de la spéculation (Gérard Pommier).

La collaboration entre la psychanalyse et les neurosciences permet de réaliser un espoir que Freud n'avait jamais abandonné. Il espérait voir un jour la psychanalyse rangée parmi les sciences naturelles, où certains énoncés sont soumis à des protocoles de vérification expérimentale. Il a dû abandonner cet espoir parce que les découvertes et les technologies de l'époque ne le permettaient pas. Mais c'est un abandon momentané pour faciliter le développement de la psychanalyse parce que Freud envisageait que ce souhait serait repris un jour lorsque les progrès dans le domaine de la neurobiologie permettraient de le réaliser. La neuropsychanalyse contribue d'une manière importante à concrétiser cet espoir de Freud. Avant tout, elle affine les outils pour les vérifications expérimentales grâce aux échanges qu'elle entretient avec les neurosciences. Elle contribue ainsi aux progrès au sein d'une tradition de recherche expérimentale qui existe depuis longtemps dans le domaine de la psychanalyse. Dans notre époque, cet apport devient essentiel, car les neurosciences ont envahi plusieurs domaines des savoirs humains. Par exemple, la psychologie cognitive qui a une longue tradition expérimentale a créé désormais une étroite alliance avec les neurosciences nommées « les neurosciences cognitives ».

Malgré tous ces remarquables aspects en faveur de la neuropsychanalyse, elle tarde à démarrer dans le paysage francophone. Nous allons consacrer le prochain chapitre à cette question qui mérite un développement à part.

La neuropsychanalyse permet également d'avoir des outils conceptuels mieux aiguillés pour ceux qui veulent proposer des rapprochements entre la psychanalyse et les neurosciences.

Chapitre III
Le paysage francophone

Introduction

« Quel est l'intérêt de la neuropsychanalyse ? » est une question qu'on ne pose plus tellement dans le paysage psychanalytique anglophone, car cette nouvelle approche permettant un véritable dialogue entre la psychanalyse et les neurosciences a désormais fait ses preuves tant au niveau théorique qu'au niveau clinique. Dans ce cas, la jeunesse de cette approche ne se couple pas avec immaturité. Le paysage psychanalytique italien a également accueilli avec intérêt les recherches, les théories et les applications de la neuropsychanalyse. En revanche, le paysage psychanalytique francophone s'est montré critique dès la naissance de cette nouvelle approche. Cette attitude critique s'est transformée en peu de temps en rejet, et le terme neuropsychanalyse est venu presque à occuper la place d'un canular. « Quel est l'intérêt de la neuropsychanalyse?» est alors une question souvent posée pour souligner et confirmer ultérieurement le peu d'intérêt qu'elle amène, et cela tant du côté des psychanalystes que du côté de ceux qui ont un regard critique envers la psychanalyse. Ces derniers voient dans cette nouvelle approche une dernière tentative de sauver la psychanalyse qui se trouverait à son dernier souffle. Ainsi, la neuropsychanalyse se trouve, malgré elle, marginalisée dans le paysage francophone. Bien qu'il y ait plusieurs psychanalystes francophones connus et reconnus qui contribuent au progrès de cette nouvelle approche, ils restent cependant une minorité face à la plupart. Parmi ceux-ci, il y a des psychanalystes qui sont complètement indifférents vis-à-vis de la neuropsychanalyse n'ayant aucune connaissance de cette approche et d'autres, ayant lu quelques résumés, affichent ouvertement une position critique envers ce regard croisé entre psychanalyse et neuroscience.

Le paysage psychanalytique francophone

Les raisons qui peuvent expliquer cette attitude généralisée, qu'elle soit d'indifférence ou critique, doivent être probablement recherchées dans l'histoire même de la psychanalyse française. Ce qui la caractérise essentiellement par rapport à l'histoire de la psychanalyse des autres pays est l'énorme influence de la pensée de Jacques Lacan. Au départ, Lacan a amené un vent de nouveauté à la psychanalyse et surtout une ouverture aux autres savoirs qui s'est révélée comme un instrument puissant pour développer des concepts psychanalytiques en les libérant d'un cloisonnement théorique. Au fil du temps, un étrange phénomène a vu le jour et s'est confirmé après la mort de Lacan, devenant presque un label du mouvement lacanien. Ceux qui l'ont suivi, ou le suivent, ont commencé à lire et relire d'une manière méticuleuse, presque religieuse, les séminaires de Lacan, attitude ayant beaucoup de points en commun avec la scolastique, et, c'est le point qui nous intéresse le plus, l'investissement élevé de l'enseignement de Lacan a eu, et a, comme effet la création d'une grille de lecture tellement puissante qu'elle arrive à filtrer le monde de la connaissance. Malheureusement, c'est un mouvement que Lacan a également contribué à mettre en route. Au départ, l'initiative d'ouverture aux autres savoirs visait à les questionner pour remettre en mouvement des concepts psychanalytiques gelés par une transmission théorique rigide et cloisonnée. Au fur et à mesure que Lacan construit ses mathèmes, ceux-ci peuvent imposer une torsion à la lecture d'une connaissance issue d'un autre savoir. En d'autres termes, ce n'est plus le questionnement d'un autre savoir qui aide à mieux cerner un concept psychanalytique, mais c'est le savoir questionné qui est mieux cerné grâce à un concept psychanalytique. Cependant, cette attitude ne peut pas être généralisée. Par exemple, lorsque Lacan côtoie Althusser, il va remanier la présentation conceptuelle de l'objet *petit a* à travers un questionnement d'une notion de Marx. Nous saluons avec intérêt le mouvement dialectique, qu'on retrouve chez Lacan, entre le remaniement d'une notion psychanalytique suite à un questionnement d'un autre savoir et celle d'un autre savoir suite à une lecture à travers une notion psychanalytique. Ce même mouvement pourrait s'appliquer envers les neurosciences à travers les avancées de la neuropsychanalyse. Si chez Lacan nous arrivons à retrouver ce mouvement, bien qu'il s'estompe au fil du temps, chez ceux qui le suivent, ce mouvement n'apparaît plus et installe plutôt ce que nous avons appelé « l'étrange phénomène », phénomène plus proche à la scolastique ou à ce que la sociologie étudie sous le nom de « mouvement sectaire ». Il est tout même important de souligner que cette analyse, comme toute analyse, ne peut pas être généralisée, car elle retrace l'âme d'une réalité qui habite la majorité et non pas la totalité des personnes composant un mouvement de pensée pris en compte. Nous allons maintenant aborder un autre point qui contribue, probablement avec un poids plus important, à cet état de marginalisation de la neuropsychanalyse dans le paysage psychanalytique francophone. Lacan a mené une critique assez virulente envers le culturalisme et le néo-freudisme américains. Cette critique visait essentiellement l'idée que Lacan s'était faite sur la conception de la psychanalyse américaine, à savoir la conception de la psychanalyse comme une technique d'adaptation. Nous avons précisé qu'il s'agit d'une d'idée que Lacan s'était forgée, car elle est considérée comme une interprétation plutôt qu'une conception affichée d'une manière explicite par les représentants de la psychanalyse américaine de cette époque. L'idée de cette conception a fini par recouvrir l'ensemble de la production provenant de l'Amérique, héritière d'une philosophie pragmatique, loin d'un intellectualisme à la parisienne du XXe siècle, et de l'utilitarisme de Bentham que Lacan n'a pas manqué de critiquer. La neuropsychanalyse, production américaine, n'a pas échappé à cette grille de lecture. Éric Laurent, figure de proue de l'École de la Cause freudienne, dans son ouvrage « Lost in cognition[72] », affirme que la neuropsychanalyse américaine véhicule l'idée de réduction à la norme et d'adaptation. Il ajoute que la neuropsychanalyse ne serait au fond qu'une version du néo-freudisme américain qui concevait la psychanalyse comme une technique d'adaptation. Ici, notre intérêt ne se porte pas sur le souci de vérifier si ce qu'Eric Laurent amène est pertinent ou pas, mais sur la constatation d'un continuum de pensée avec ce que pensait Lacan du

---

[72] Laurent E. (2008), Lost in cognition : Psychanalyse et sciences cognitives, ed. C. Defaut, coll. Psyché.

néo-freudisme américain. Et ce sont surtout les effets de ce continuum de pensée qui nous intéresse ici, car nous risquons de répéter les mêmes erreurs du passé. Il suffit de se rappeler ce qui a été dit sur cette idée de Lacan sur la conception américaine de la psychanalyse. Indépendamment de la pertinence de cette idée, il y a deux points qui ont été soulevés : cette idée est très réductrice vis-à-vis d'une vaste production théorique et clinique psychanalytique et elle a complètement marginalisé cette production jusqu'à être rayée parmi les lectures. Ces deux points risquent de s'appliquer également à la neuropsychanalyse. Nous ne déconseillons pas la lecture de l'ouvrage d'Eric Laurent qui peut être plus ou moins intéressante, bien qu'il témoigne d'une connaissance limitée de l'argument. Nous déconseillons plutôt l'application systématique des grilles de lecture qui forment le soubassement du mouvement lacanien aux connaissances qui se constituent ailleurs et de se laisser prendre, inconsciemment, par certaines pensées qui se constituent chez des personnes qui occupent une position de prestige dans un mouvement. En d'autres termes, ce n'est pas parce que Lacan a dit que le néo-freudisme américain conçoit la psychanalyse comme une technique d'adaptation qu'alors on ne peut se forger aucune autre idée sur le néo-freudisme américain. Maintenant, ce n'est pas parce qu'Eric Laurent a dit que la neuropsychanalyse véhicule l'idée de réduction à la norme et d'adaptation que ce soit effectivement ainsi. Certes, nous venons de formuler des pensées conscientes, alors que concrètement elles fonctionnent sur le mode du fonctionnement de l'inconscient comme il a été expliqué par Lacan. Un des aphorismes de Lacan sur l'inconscient est : l'inconscient est le discours de l'Autre. Les mouvements de pensées, lesquels sont soumis par des vecteurs de force contraignants, n'échappent pas au fonctionnement de l'inconscient. À partir du moment qu'on accepte de faire partie d'un mouvement de pensée, nous acceptons d'entrer dans un milieu signifiant où la logique des connexions entre les signifiants composant le soubassement ou la structure s'est constituée ailleurs, dans un lieu Autre. Toutefois, l'idée du départ de Lacan était de dévoiler ce fonctionnement et de forger des outils pour se défaire de l'Autre ouvrant la possibilité à chacun de remanier les connexions entre les signifiants composant le soubassement ou la structure qui s'est constitué ailleurs selon un propre désir, tout en restant dans un mouvement. Nous avons introduit un autre terme : le désir. Dans les milieux lacaniens, on parle souvent du désir du psychanalyste, beaucoup moins du désir de connaissance. Freud était animé par un désir de connaissance, Lacan était lui aussi animé par un désir de connaissance, car il nous a permis de dévoiler une partie du fonctionnement psychique. Mais lorsqu'on se penche sur ceux qui suivent Lacan, qui lisent et relisent les séminaires à partir desquels ils se constituent une puissante grille de lecture, il semble que le désir dominant n'est plus celui de connaître effectivement comment fonctionne le psychisme humain, mais comment Lacan conçoit le fonctionnement du psychisme humain. Le désir du psychanalyste articule ce qui en est du transfert dans la pratique analytique, alors que le désir de connaissance pourrait articuler ce qui en est du transfert de travail. Le désir du psychanalyste, ne vouloir rien en savoir, est un regard intrinsèque, le désir de connaissance, en vouloir en savoir un peu plus, est un regard extrinsèque.

Dans un présent où la neuro-imagerie a atteint des connaissances de plus en plus précises, la neuropsychanalyse pourrait être vue comme un lieu qui permet de :

- remettre en mouvement une certaine dialectique, qu'on retrouve chez Lacan, entre le remaniement d'une notion psychanalytique suite à un questionnement d'un autre savoir et celle d'un autre savoir suite à une lecture à travers une notion psychanalytique ;

- remanier les connexions entre les signifiants composant le soubassement ou la structure qui s'est constitué ailleurs ;

- relancer un désir de connaissance du fonctionnement psychique.

Un dernier point qui peut contribuer à la marginalisation de la neuropsychanalyse dans le paysage psychanalytique francophone est le style de transmission de la psychanalyse propre à Lacan et aux mouvements lacaniens. C'est un style qui reflète le fonctionnement de l'inconscient et de la pratique analytique. Il y a une phrase assez connue de l'étourdit[73] qui est la suivante : « *Qu'on dise reste oublié derrière ce qui se dit dans ce qui s'entend* ». Lacan développe la relation entre le *dire*, indiqué par le verbe au subjonctif dans la proposition « *Qu'on dise* », et le *dit* exprimé par l'indicatif. Le *dire*, qui est du côté de l'énonciation, exprime avec son subjonctif la possibilité et l'existence d'un acte alors que le *dit*, avec son indicatif qui exprimée l'assertivité, se fonde sur les valeurs de vérité des propositions universelles et particulières. Le *dire* représente la subjectivité qui s'exprime à travers des *dits*. Un dit, qui ne peut jamais recouvrir l'entièreté du *dire* ou de la subjectivité, exprime une vérité subjective et non pas la Vérité subjective. La vérité ne peut qu'être *mi-dite* parce que pouvoir toute l'exprimer voudrait signifier que la totalité du *dire* puisse correspondre au *dit*. Tout au long de l'étourdit, Lacan s'engage alors dans une pratique de l'équivoque qui reflète la dimension et tension

---

[73] Lacan J., L'étourdit, in : Autres écrits, Editions du Seuil, 2001.

entre le *dire* et le *dit*. Cette pratique de l'équivoque s'est enrichie chez Lacan et dans le mouvement lacanien d'une pratique du trébuchement, de l'évitement d'agencement de propositions universelles et particulières selon une logique d'assertivité. Si cette pratique devient un style d'une pensée, elle produit inévitablement une réticence face à des articulations discursives claires et des propositions scientifiques, qui caractérisent par exemple une approche comme la neuropsychanalyse. Ce style produit également un autre inconvénient. Cette pratique de l'équivoque ou de l'émergence d'une position subjective dans les dits traduit surtout un souci de transmission de la psychanalyse. Le souci d'une progression de la compréhension du fonctionnement psychique, surtout dans le domaine des problématiques, est moins présent.

Finalement, cette manière de procéder s'inscrit dans un mouvement français plus étendu appelé « philosophie postmoderne[74] », ou appelé par les Américains « French Théory ». La philosophie postmoderne met en crise les critères de la raison pure et de l'universalité qui cèdent la place à la subjectivité. La vérité ne doit pas être recherchée dans l'adéquation au réel, mais dans les pratiques sociales. La science elle-même a le même rapport à

---

[74] Charles Jencks a introduit le mot « postmoderne » en architecture pour décrire un courant en rupture avec les canons du fonctionnalisme, du rationalisme et de l'universalisme.

la connaissance objective qu'une construction sociale. Si l'adéquation au réel n'est plus une priorité dans la recherche du vrai et du faux, la méthode empirique n'a plus une grande importance dans la construction d'un savoir. Cette manière de pensée s'applique davantage à la psychanalyse, car elle traite en particulier la subjectivité. Un énoncé psychanalytique ne doit pas être analysé selon le contenu ou la vérité, mais à partir de l'impact qu'il a sur le sujet même. Comme nous avons déjà vu, dans la recherche d'une assise scientifique à cette manière de traiter l'énoncé psychanalytique, le recours au théorème de Gödel est décisif.

Il y a tout de même des psychanalystes d'orientation lacanienne qui contribuent d'une manière décisive au progrès concernant le dialogue entre la psychanalyse et les neurosciences. À titre d'exemple, nous allons présenter deux auteurs, François Ansermet et Ariane Bazan. Le premier se situe dans l'espace « RPN » de notre diagramme, et Ariane Bazan se situe dans l'espace « NP ».

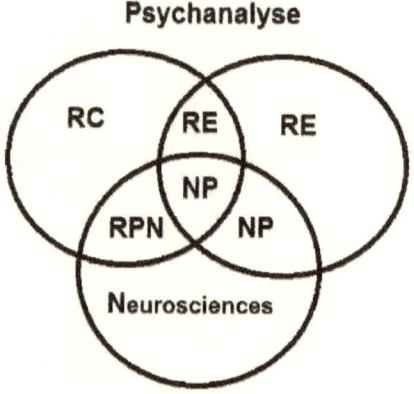

RC = Recherches clinique et conceptuelle en psychanalyse

RE = Recherche empirique en psychanalyse

NP = Neuropsychanalyse

RPN = Rapprochement entre psychanalyse et neurosciences

François Ansermet

Depuis plusieurs années, François Ansermet[75] collabore avec Pierre Magistretti[76] autour des liens

[75] François Ansermet est un psychiatre et psychanalyste suisse. Il est professeur de pédopsychiatrie à l'Université de Lausanne

entre les neurosciences et la psychanalyse[77]. Ils défendent l'idée que les avancées scientifiques dans le domaine des neurosciences permettent à présent une réconciliation entre les neurosciences et la psychanalyse. De plus, la théorisation qui s'est développée dans le domaine de la psychanalyse offre aux neurosciences des notions pour mieux comprendre le psychisme.

François Ansermet et Pierre Magistretti[78] voient dans la notion de plasticité neuronale une notion princeps pour établir un dialogue et un pont entre les neurosciences et la psychanalyse. Bien que ce soient deux disciplines hétérogènes et incommensurables, elles sont toutes les deux

---

et médecin-chef au service universitaire de psychiatrie de l'enfant et de l'adolescent à l'Université de Genève. Il est membre de l'École de la Cause Freudienne et de l'Association Mondiale de Psychanalyse.

Ses domaines de recherche sont le stress périnatal et les traumatismes précoces, les conséquences subjectives des avancées nouvelles en biotechnologies périnatales et en médecine prédictive. Il a une pratique clinique avec des enfants et des adolescents qui s'étend sur trente ans.

[76] Pierre Magistretti (1952 –) est un médecin et neurobiologiste. En 1977, il obtient le diplôme de médecine à l'Université de Genève. Il poursuit ses études à l'Université de San Diego, en Californie, où il obtient, en 1982, son doctorat en biologie. En 1988, il devient professeur de physiologie à la Faculté de médecine de Lausanne.

[77] Le contenu de ce paragraphe est extrait, en partie, des définitions suivantes du « Dictionnaire de Neuropsychanalyse » : Ansermet François, Magistretti Pierre, Plasticité neuronale, Signifiant.

[78] Ansermet F., Magistretti P. (2004), À chacun son cerveau. Plasticité neuronale et inconscient, Odile Jacob.

concernées au sujet de l'interrogation freudienne sur la trace et son destin, car elle est également prise en compte par la neurobiologie à travers la notion de plasticité. Ainsi, comme le proposait Freud, l'expérience laisse une trace, et maintenant avec cette notion neurobiologique, on peut ajouter qu'elle laisse une trace matérielle, organique. Un rapprochement entre les données neurobiologiques sur la plasticité neuronale et l'interrogation freudienne concernant la trace et le destin de la trace dans le processus inconscient permettrait de proposer une neurobiologie de l'inconscient. Ces auteurs proposent une convergence entre la trace synaptique des neurobiologistes, la trace psychique de Freud et la notion de signifiant de Lacan. Dans la lettre à Fliess — lettre 52 –, Freud propose un schéma de l'appareil psychique qui se caractérise par trois inscriptions différentes du matériau perceptif. La première inscription est celle qui enregistre l'expérience que Freud appelle *signe de la perception*. Lacan (1963-1964) établit un rapprochement entre sa notion de signifiant et celle de signe de la perception. Le signifié serait alors la perception de l'expérience de la réalité externe et il serait enregistré sous forme de signifiant. En soutenant l'idée que la trace mnésique freudienne correspond à la trace synaptique étudiée par les neurosciences, il est possible de proposer une convergence entre les notions de Freud, Lacan et la trace synaptique des neurosciences. Dans le schéma de l'appareil psychique proposé par Freud, la deuxième inscription de la trace se réalise suivant d'autres associations et, comme le précise Freud, il est possible qu'elle soit aménagée suivant des rapports de causalité. Grâce aux mécanismes de plasticité neuronale, les traces synaptiques peuvent se combiner et créer d'autres traces synaptiques. Autrement dit, les signes de la perception ou premiers signifiants peuvent se combiner et se réinscrire sous forme de nouvelles traces ou signifiants. Ces nouveaux signifiants forment une chaîne de signifiants qui produiront un nouveau signifié étant différent du premier signifié de la réalité extérieur. D'un point de vue neurobiologique, une première trace ou un signifiant correspond à un ensemble de neurones où s'est produite une facilitation. Cette première trace peut s'associer à d'autres premières traces formant un nouvel ensemble de neurones et créant un nouveau signifié. Il y aura ainsi associé à ce signifiant deux signifiés, celui qui se réfère au code de la réalité extérieur et celui qui se réfère à la réalité psychique inconsciente. Ces différentes transformations vont dans le sens des remaniements de la notion saussurienne de signifiant opérés par Lacan. Au départ, le signe de la perception reflète l'expérience de la réalité extérieure. Autrement dit, il y a une correspondance entre le signifiant et le signifié. Après les réassociations et retranscriptions, le signifiant se détache du signifié initial et en crée un nouveau. Le lien entre le signifié et le signifiant n'est donc pas immuable comme le pensait de Saussure, mais instable. La primauté du signifiant sur le signifié, qui justifie qu'il se trouve au-dessus et le signifié en dessous dans l'algorithme proposé par Lacan, apparaît par la production du signifié par le signifiant qui ordonne et crée une réalité psychique qui est à la base de l'activité fantasmatique.

Les états somatiques et le maintien de l'homéostasie sont deux autres points d'intersection entre les neurosciences et la psychanalyse proposés par François Ansermet et Pierre Magistretti. Ils sont également convaincus que l'inconscient est un des modes de fonctionnement du cerveau.

Ariane Bazan

Les recherches d'Ariane Bazan[79] se situent au sein d'une réflexion neuropsychanalytique qui

---

[79] Ariane Bazan est une biologiste et psychanalyste. En 1997, elle obtient un doctorat en biologie à l'Université de Gand et, en 2009, un doctorat en psychologie clinique et psychopathologie à l'Université de Lyon. Depuis 2007, elle est professeure de psychologie clinique à l'Université Libre de Bruxelles en Belgique. Elle a fait un postdoctorat à l'Université du Michigan au laboratoire de Howard Shevrin et elle a suivi une formation de psychothérapie psychanalytique à la *Gezelschap voor Psychoanalyse en Psychotherapie* (GPP) (l'« Asssociation pour Psychanalyse et Psychothérapie ») de Gand en Belgique.

interroge tant la psychanalyse que les neurosciences sur des aspects du fonctionnement psychique[80]. Ariane Bazan fait valoir combien un dialogue entre la psychanalyse et les neurosciences, qui semblent à priori sans commune mesure, mais qui nous donnent pourtant des renseignements sur le même appareil mental, est nécessaire pour appréhender certaines notions du fonctionnement psychique qui exigent un espace de compréhension multiple.

Ariane Bazan[81] mène des recherches qui apportent un ancrage scientifique aux concepts lacaniens à travers des phénomènes mesurables et reproductibles. Elle soutient l'idée que la théorie de Lacan, plus que celle de Freud, offre une possibilité pour enquêter les différents niveaux, notamment la fonctionnalité psychique et les modules neuronaux, visés par la neuropsychanalyse, car Lacan conçoit la vie psychique comme un système complexe dynamique et stratifié en lien avec le corps ou le cerveau bien qu'il ne s'y réduise pas. Les trois catégories (Réel, Symbolique, Imaginaire)

Elle a entamé également une collaboration étroite avec Howard Shevrin et son laboratoire en raison de ses recherches sur le traitement inconscient de la langue en liaison avec les processus cérébraux.

[80] Le contenu de ce paragraphe est extrait, en partie, des définitions suivantes du « Dictionnaire de Neuropsychanalyse » : Bazan Ariane, Signifiant.

[81] Bazan A. (2007), Des fantômes dans la voix. Une hypothèse neuropsychanalytique sur la structure de l'inconscient, Montréal, Éditions Liber, Collection Voix Psychanalytiques.

introduites par Lacan sont effectivement trois stratifications et niveaux organisationnels différents, car ils renvoient au corps, au sujet et à l'organisation sociale. Ces trois strates fonctionnent et tiennent ensemble comme une structure dynamique vivante qui ne peut pas être réduite aux parties qui la constituent[82]. Le signifiant est une notion centrale dans les recherches neuropsychanalytiques d'Ariane Bazan, car elle le considère comme un point d'intersection entre la psychanalyse, puisqu'il est au cœur des *manifestations de l'inconscient,* et les neurosciences, puisqu'il est un objet d'étude pour sa matérialité donnée par la motricité articulatoire ou linguistique. Le signifiant n'est pas seulement porteur d'une signification ou de sens, car il s'imbrique avec d'autres signifiants qui véhiculent d'autres sens où peuvent surgir des éléments de l'inconscient. Le signifiant nécessite également une mobilisation du corps (vocalisation, mâchoires, etc.) qui participe à ses production et perception. Dans son ouvrage *Des fantômes dans la voix,* Ariane Bazan présente quelques-unes des logiques psychiques, physiologiques et épistémologiques de l'impact du signifiant sur l'humain.

---

[82] Bazan A. (2009), L'objet d'une science neuro-psychanalytique, *IN* : Georgieff N., Golse B., Ouss L., Widlöcher D. (sous dir.), *VERS UNE NEUROPSYCHANALYSE ?,* Odile Jacob, 2009.

Autres contributions

Nous avons surtout analysé le terrain défavorable dans le paysage psychanalytique français au développement de la neuropsychanalyse. Mais, il y a aussi un terrain favorable à son développement où se trouvent plusieurs psychanalystes, provenant d'autres orientations, qui s'intéressent à la neuropsychanalyse et contribuent à son développement théorique. À titre d'exemple, nous allons en présenter quelques-uns. Daniel Widlöcher[83] est en faveur de l'idée que le dialogue et la collaboration entre la psychanalyse et les neurosciences sont fructueux pour l'un comme pour l'autre. Les changements de ces dernières décennies au sein de la psychiatrie et du domaine du soin psychologique motivent ultérieurement cette collaboration, car la psychanalyse doit pouvoir s'adapter à ces changements qui sollicitent de nouvelles questions. L'expérimentation et la clinique sont deux terrains de rencontre possible entre les neurosciences et la psychanalyse, car celle-ci est en mesure d'explorer des réalités psychiques, par exemple le fantasme, qui peuvent être

---

[83] Daniel Widlöcher (1929 –) est un psychiatre et psychanalyste français. De 1953 à 1962, il entreprend une analyse avec Jacques Lacan et, en 1964, il rejoint l'Association Psychanalytique de France. Il a travaillé en milieu hospitalier, universitaire et il a occupé différentes fonctions au sein de l'Association Psychanalytique de France.

analysées seulement dans des conditions cliniques propres à la psychanalyse. Cependant, ces réalités psychiques reposent sur des mécanismes élémentaires qui peuvent être soumis aux modèles expérimentaux, et être ainsi expliqués par les neurosciences. Certes, ce passage de la clinique psychanalytique à l'expérimentation reste un passage délicat et périlleux, mais nécessaire pour que chaque discipline puisse confirmer ses propres hypothèses par l'autre.

Depuis quelques années, René Roussillon[84] s'intéresse aux rapprochements entre la psychanalyse et les neurosciences pouvant éclaircir les recherches sur la psychothérapie des enfants et adultes cérébrolésés. René Roussillon[85] centre en particulier le dialogue entre psychanalyse et neurosciences autour du concept d'associativité.

Lisa Ouss-Ryngaert[86] s'occupe des liens entre la psychanalyse et la neurologie, et s'intéresse à repérer comment les phénomènes psychiques s'enracinent dans des zones cérébrales. La

---

[84] René Roussillon (1947 –) est un psychanalyste français. Il est membre titulaire de la Société psychanalytique de Paris (SPP) et enseigne la psychologie clinique et pathologique à l'université Lumière Lyon 2.

[85] Roussillon R. (2009), Associativity and non verbal language, Psychoanalysis in Europe, N°63, pp. 157-175, Comgraphic, Barcelone.

[86] Ouss-Ryngaert L. (2007), Impact des neurosciences sur la pratique psychanalytique : la double lecture comme clinique « neuropsychanalytique », Revue française de Psychanalyse, 2, 419-436.

neuropsychanalyse lui semble particulièrement pertinente pour poursuivre un dialogue entre la psychanalyse et les neurosciences. Pour articuler l'interaction entre ces deux domaines, elle emprunte à Georges Devereux la notion de *complémentarisme*[87].

Quel est l'intérêt de la neuropsychanalyse pour ceux qui sont critiques envers la psychanalyse ?

Dans le paysage francophone, ceux qui ont un regard critique envers la psychanalyse, motivé par son absence de scientificité, rejette presque en bloc la neuropsychanalyse. C'est tout de même une attitude étrange étant donné que la neuropsychanalyse amène finalement, après des décennies d'attente, des expériences qui respectent des protocoles stricts de recherche. Les raisons pouvant expliquer une telle attitude doivent probablement être recherchées dans l'histoire récente du paysage francophone. Les quinze dernières années ont vu défiler plusieurs événements qui discréditent l'apport psychanalytique : les rapports de l'INSERM,

---

[87] Ce concept s'inspire de la notion de complémentarité de Bohr et du principe d'indéterminisme (ou d'incertitude) d'Heisenberg, qui affirme qu'il est impossible de déterminer simultanément et avec la même précision la position et le moment d'un électron.

le *Livre Noir de la psychanalyse*[88], le *Crépuscule d'une idole* de Michel Onfray[89], les recommandations de la HAS, le documentaire « Le mur »[90], et quelques autres événements. La neuropsychanalyse pourrait facilement amener à toute une série de critiques des explications soutenues d'une manière scientifique. Mais, il y a une telle stigmatisation de tout ce qui provient de la psychanalyse que même la présentation d'une recherche ayant suivi un strict protocole de recherche n'a plus aucun effet. Ceux qui ont un regard critique envers la psychanalyse reproduisent envers la neuropsychanalyse désormais le reproche lancé à la psychanalyse, c'est-à-dire le manque de rationalité. Et encore, ils reproduisent un autre reproche envers la neuropsychanalyse quand ils disent que la France, à cause de la psychanalyse, est en retard sur tout par rapport aux États-Unis. En évacuant la neuropsychanalyse, ils évacuent ce qui est considéré comme une avancée aux États-Unis.

---

[88] Mayer C., Borch-Jacobsen M., Cottraux J., Pleux D., Van Rillaer J. et al., *Le livre noir de la psychanalyse*, France, Les Arènes, 2005.

[89] Onfray M. (2010), *Le crépuscule d'une idole. L'affabulation freudienne*, Grasset.

[90] Le MUR, la psychanalyse à l'épreuve de l'autisme, a été réalisé en 2011 par *Sophie Robert*, et produit par *OCÉAN INVISIBLE PRODUCTIONS*, en partenariat avec *AUTISTES SANS FRONTIÈRES*.

Conclusion

Dans le paysage francophone, la neuropsychanalyse se trouve, malgré elle, marginalisée à la fois du côté des psychanalystes à la fois du côté de ceux qui sont critiques envers la psychanalyse. Nous souhaitons une attitude d'ouverture du côté des psychanalystes, et une reprise d'une paisible attitude rationnelle du côté de ceux qui ont une position critique envers la psychanalyse de sorte qu'on retrouve une atmosphère d'échange intellectuel profitable pour les uns comme pour les autres.

Chapitre IV
Enjeux pratiques

Quel est l'intérêt de la neuropsychanalyse pour la pratique analytique ?

Dans le paysage francophone, la question « Quel est l'intérêt de la neuropsychanalyse » prend souvent la forme d'une question plus précise : « Quel est l'intérêt de la neuropsychanalyse pour la pratique du psychanalyste ? ». Par exemple, Pierre Fédida[91] n'accorde pas un intérêt envers une lecture neuroscientifique des concepts psychanalytiques parce que la pratique psychanalytique ne pourrait en recevoir aucun bénéfice. La comparaison qui illustre cette idée est assez connue : accorder une utilité des neurosciences pour la psychanalyse serait comme accorder une connaissance technique

---

[91] Fédida P. (2000), Le canular de la neuropsychanalyse, La Recherche 2000, HS3 : 101.

de la construction d'une plume à l'accès à l'écriture ou à l'art d'écrire. C'est une curieuse manière d'aborder l'utilité d'une nouvelle approche qui se propose de renouer avec les neurosciences alors que la question de l'utilité de la connaissance théorique pour la pratique psychanalytique a toujours été un sujet controversé. La grande méfiance des analystes envers la théorie est assez connue. De manière générale, parmi les psychanalystes, il y a ceux qui conseillent l'étude de la théorie, il y en a d'autres qui voient dans la théorie une vaste entreprise de refoulement et qui pensent que moins on en fait, mieux cela vaut[92].

Freud n'a jamais établi des liens directs entre les élaborations théoriques et la pratique analytique qui restait essentiellement une pratique, car chaque analyse doit être considérée comme un cas unique. Comme dans une partie d'échecs, on peut traiter théoriquement ce qui se passe au début, les interrelations analysant-analyste, et à la fin, mais on ne peut rien dire sur ce qui se passe au centre, car il y a une trop grande variété et complexité. Dans le domaine de la psychanalyse, il n'y a pas vraiment un lien direct entre la théorisation et la pratique analytique, il y a plutôt un lien indirect. De plus, il y a un vecteur qui relie d'une manière indirecte la théorisation à la pratique analytique et un autre qui relie, toujours d'une manière indirecte,

---

[92] Bonnet G. (2005), Comment peut-on être psychanalyste ?, L'Esprit du Temps, p. 87.

la pratique à la théorisation psychanalytique. Ainsi, la théorisation influence ou modifie la conception qu'on se fait sur un point du fonctionnement psychique qui aura un impact sur l'écoute du psychanalyste et de sa compréhension du patient; l'écoute et la compréhension du patient auront également un impact sur la théorisation d'un point du fonctionnement psychique. À cela, nous pourrions également ajouter le corps, comme disait Nietzche, qui est une autre puissante grille de lecture qui filtre notre rapport à la théorisation et à l'écoute du patient. Face à une telle complexité, une attitude d'ouverture ne peut qu'être bénéfique. C'est probablement pour cette raison que Freud conseillait l'étude de plusieurs domaines de connaissance pour la formation d'un psychanalyste. Lui-même avait touché plusieurs domaines de savoir, parmi lesquels la biologie à laquelle il accordait un grand intérêt.

Freud déconseillait la prise en charge de patients trop jeunes ou trop vieux et de ceux ayant certaines problématiques comme les psychoses. Depuis, les tranches d'âge et les problématiques prises en charge se sont considérablement élargies. Les avancées de la neuropsychanalyse permettent une prise en charge plus ciblée de certaines problématiques. Comme le souligne Nicolas

Georgieff[93], les connaissances que la neuropsychanalyse amène sont utiles dans la pratique clinique lorsque le psychanalyste est confronté à des patients atteints de problématiques neurocognitives. Plus précisément, celles-ci peuvent présenter une altération structurelle ou fonctionnelle du cerveau et des aspects fonctionnels liés à l'âge. De plus, les connaissances neuropsychanalytiques s'avèrent utiles pour connaître les effets des psychotropes sur un patient pris en charge qui en consomme. La neuropsychanalyse offre un cadre institutionnel et social permettant des échanges avec d'autres domaines et les résultats de ses recherches peuvent s'inscrire dans une psychologie générale.

En France, certains auteurs[94] proposent des interventions psychothérapeutiques

---

[93] Nicolas Georgieff est un psychiatre. Il est professeur de psychiatrie de l'enfant et de l'adolescent à l'université Lyon 1. Il est également psychiatre et chef de service au Centre hospitalier du Vinatier et est membre de l'Institut des Sciences Cognitives de Lyon.

[94] Ouss-Ryngaert L. (1995), Quelle place a la psychothérapie dans les troubles affectifs des lésions cérébrales ?, *ACTES DU CONGRÈS DE PSYCHIATRIE ET NEUROLOGIE DE LANGUE FRANÇAISE*, IV, 61-68. 2006.

Ryngaert L., Fayada C., Benoît N., Jonas S., Volpe L., Bakchine S. (1997), Quelle prise en charge psychothérapique des adolescents cérébrolésés ?, *NEUROPSYCHIATRIE DE L'ENFANCE ET DE L'ADOLESCENCE*, 7-8, 402-404.

psychodynamiques chez des patients avec atteinte cérébrale grâce à la neuropsychanalyse.

Une autre problématique à laquelle sont confrontés les psychanalystes et qui demande des interventions plus ciblées est l'addiction. Cette problématique est provoquée par l'action d'une drogue et par l'exposition répétée à celle-ci. Ce processus implique une influence importante de la constitution génétique, du contexte psychologique et social de l'individu qui consomme la drogue. Ce processus aboutit à des changements stables dans le cerveau qui sont responsables des comportements problématiques à long terme. Étant donné que les addictions présentent à la fois une composante biologique et psychologique, Brian Johnson[95] propose l'insertion des conceptions d'Edward Khantzian sur les addictions dans les recherches neuropsychanalytiques qui opèrent tant au niveau mental et biologique. Avant tout, il faut connaître la raison qui pousse l'individu à

Fayada C. (2006), Repères pour une psychothérapie psychanalytique en psychopathologie neurologique. Une exigence éthique et un challenge paradigmatique des liens entre neuropsychologie, cognition sociale et psychanalyse, NEUROSPY NEWS, 5, 3, 104-109.
Oppenheim-Gluckman H. (2000), LA PENSÉE NAUFRAGÉE. CLINIQUE PSYCHOPATHOLOGIQUE DES PATIENTS CÉRÉBROLÉSÉS, Paris, Anthropos, p. 174.
[95] Johnson B. (2003), Commentary on "Understanding Addictive Vulnerability", in : Neuropsychoanalysis, An Interdisciplinary Journal for Psychoanalysis and the Neurosciences, Vol. 5, Issue.

exposer son cerveau à plusieurs reprises à des produits chimiques potentiellement destructeurs. Ensuite, il faut s'intéresser aux bases constitutionnelles et aux changements au niveau du cerveau, et finalement intégrer au sein de ces questions l'hypothèse de l'automédication d'Edward Khantzian[96]. Plus précisément, une analyse neuropsychanalytique de la dépendance permet de repérer les quatre étapes suivantes dans lesquelles on étudie :

- les états prémorbides qui poussent l'individu à prendre de la drogue. Ici, la neuropsychanalyse s'intéresse aux relations entre l'addiction et les autres désordres du DSM-IV. Par exemple, les recherches neuropsychanalytiques ont mis en évidence une relation entre l'anxiété et les troubles de l'humeur, bien que ces problématiques ne créent pas un trouble de dépendance.

- la constitution génétique et psychologique ;
- les modifications de la personnalité, de la motivation et des émotions complexes qui se manifestent en réponse à des modifications cérébrales stables provoquées par la transition entre la toxicomanie et la dépendance à la drogue. Par exemple, Brian

---

[96] Edward Khantzian s'est intéressé aux addictions d'un point de vue psychodynamique et a développé l'hypothèse de l'automédication pour expliquer ce qui amène à l'addiction.

Johnson[97] a montré que ces changements cérébraux produisent l'apparition d'une nouvelle gamme d'instincts à laquelle l'individu doit réagir et qui modifie le caractère. L'étude neuropsychanalytique de ces changements cérébraux peut en outre se rendre utile pour le diagnostic, les recommandations thérapeutiques et le pronostic.

L'impact de la neuropsychanalyse sur le traitement psychanalytique

Certains psychanalystes se sont intéressés aux développements des apports de la neuropsychanalyse sur le traitement psychanalytique des patients. Voici quelques exemples. À partir des modèles développementaux de la théorie de la régulation, Allan Schore[98] développe des principes du traitement psychothérapeutique des pathologies du soi de l'hémisphère droit précocement formé chez l'enfant sous forme de vingt points théorico-pragmatiques. Pendant la prise en charge, Allan Schore valorise

---

[97] Johnson B. (2001), Drug dreams, a neuropsychoanalytic hypothesis, Journal of the American Psychoanalytic Association, 49: 75–96.

[98] Schore A. N. (1994), Affect regulation and the repair of the self : The neurobiology of emotional development, Hillsdale (NJ), Erlbaum, 363 p.

surtout le transfert non verbal et l'intensification des émotions, car ils stimulent l'hémisphère droit étant selon sa théorie le siège du trauma inconscient, plutôt que le contenu même de ce qui est dit (ou écouté) ou les interprétations, car ils impliquent plus la participation de l'hémisphère gauche. J. Saporta[99] propose une intégration entre les apports de la psychanalyse et de la neuropsychologie pour comprendre les effets des traumatismes psychiques graves, notamment l'endommagement de la capacité de représentation et de la capacité d'autorégulation, deux fonctions psychiques considérées comme interdépendantes et interactives. Il préconise un soutien pharmacologique et thérapeutique qui consiste à aider le patient à symboliser ses expériences traumatiques, ses affects et ses états mentaux pour améliorer sa capacité de représentation et favoriser des interactions pour améliorer sa capacité d'autorégulation. Mancia Mauro[100] aboutit à un remaniement du cadre thérapeutique à partir de sa description d'un inconscient non refoulé[101]. Dans un premier temps, il est important de laisser plus

[99] Saporta J. (2003), Synthesizing psychoanalytic and biological approaches to trauma : Some theoretical proposals, Neuro-Psychoanalysis, 5 (1), 97-110.

[100] Mauro Mancia (1929 - 2007) est un neurophysiologiste et psychanalyste italien. Il a été directeur de l'Institut de physiologie humaine II de l'Université de Milan et membre didactique de la Société Psychanalytique italienne.

[101] Mancia M. (2004), L'inconscient non refoulé dans le processus analytique, Intervention aux journées de la SEPEA.

d'espace à des modalités implicites du transfert —
telles que la chaleur de l'accueil, l'attention à
l'autre, le ton de la voix, etc. —, des modalités qui
révoquent les attitudes d'adaptation que la mère
adresse d'une manière inconsciente à son bébé.
Seulement dans un deuxième temps, il est
envisageable de récupérer avec des représentations
les structures implicites propres à l'inconscient non
refoulé et de les verbaliser avec le langage.

De manière générale, comme le souligne Yovel,
Solms et Fotopoulu[102], les connaissances que le
domaine des neurosciences nous offre influencent
ou modifient les explications sur le fonctionnement
de l'esprit qui, ensuite, influencent le psychanalyste
dans son écoute et sa compréhension du patient.

Médiatisation

Il y a un autre aspect des enjeux pratiques de la
neuropsychanalyse qui mérite toute notre
attention. Pendant plus d'un demi-siècle, la
psychanalyse a occupé une place importante dans
les médias. Depuis deux décennies, elle n'y
apparaît presque plus et, souvent, quand elle y
apparaît c'est pour être critiquée. Le *Livre noir de la
psychanalyse* et le *Crépuscule d'une idole* ont bénéficié

---

[102] Yovell Y., Solms M., Fotopoulou A. (2015), The Case for
Neuropsychoanalysis. Why a dialogue with neuroscience is
necessary but not sufficient for psychoanalysis, Int J.
Psychoanal., Dec. 2015.

d'un tapage médiatique sans précédent dans une logique de discrédit envers la psychanalyse. Ce n'est pas une nouveauté que la psychanalyse est l'objet d'attaque. Une bonne partie du contenu de ces deux ouvrages était déjà connu dans les milieux techniques. La nouveauté réside dans le tapage médiatique qui se produit dans une société qui investit le savoir et les médias d'une manière complètement différente par rapport au passé. Nous vivons dans une société où le savoir ne nous parvient plus seulement par la plume des scientifiques, mais il est filtré par la radio, la presse et la télévision. Autrement dit, nous vivons dans une société où le savoir est fortement médiatisé. Les enjeux de cette médiatisation sont évidents dans une société comme la nôtre qui est passée, au cours du siècle dernier, d'une société industrielle à une société de savoir. En augmentant leur pouvoir, les médias ont ajouté un nouveau critère à celui de vérité, notamment celui de l'acceptation publique. La vérification scientifique ne disparaît pas, mais un savoir scientifique est pris en considération lorsqu'il passe par le critère de l'acceptation publique confectionné par les médias. Alors que la psychanalyse est de moins en moins médiatisée, si ce n'est que dans des moments de discrédit, les neurosciences voient une ascension fulgurante dans le monde des médias. Il y a par exemple une médiatisation croissante du vocabulaire des neurosciences, car, depuis quelques décennies, il s'est assuré une place privilégiée dans le discours journaliste cultivé[103]. À cette croissante médiatisation du vocabulaire correspond également une croissance de l'importance donnée aux explications des neurosciences cognitives sur des sujets qui relèvent du fonctionnement psychique. En augmentant le degré de médiatisation d'un savoir, on augmente son degré de crédibilité qui agit comme un facteur de poids dans une réalité sociale où les savoirs sont confrontés à différents niveaux à un climat compétitif très élevé. Les donneurs de fonds et les groupes d'intérêt politiques, qui demandent à la science des recommandations pour la solution de problèmes de société, évaluent la pertinence pratique des recherches. Pour les médias, les groupes politiques et les donneurs de fonds, les recherches empiriques sont celles qui attirent le plus l'attention. Dans ce paysage compétitif, la psychanalyse n'a rien à craindre, car elle peut faire valoir une tradition de recherche empirique extra-clinique et, à présent grâce à la neuropsychanalyse, le développement de recherches expérimentales. Plusieurs scientifiques de premier rang (pour n'en citer que quelques-uns : Oliver Sachs, Gerald D. Edelman, Antonio Damasio, Stephen Soumi, Eric Kandel) ont présenté publiquement des marques d'estime envers la psychanalyse. La neuropsychanalyse sera une aide précieuse pour la

---

[103] François Jacques, La médiatisation croissante du vocabulaire des neurosciences, Cah. Lexicol. 98, 2011-1, p. 235-255.

psychanalyse qui devra faire valoir, dans l'avenir, sa tradition de recherche et les résultats des recherches expérimentales avec un esprit autocritique.

Conclusion

Comme disait Green[104], la multitude de théories en psychanalyse est une chance pour la psychanalyse, car elles ouvrent la voie à des approches multiples. La neuropsychanalyse contribue à cette diversification et affine les modalités de prise en charge de certaines problématiques. Elle amène également des suggestions aux possibles remaniements du cadre analytique qui s'inscrivent dans une continuité de l'histoire des théories psychanalytiques qui ont amené à plusieurs reprises des remaniements.

---

[104] Green A., Revue Française de psychanalyse, 1992, 2, p.507.

Conclusion

Reprenons le diagramme que nous avons proposé au chapitre II :

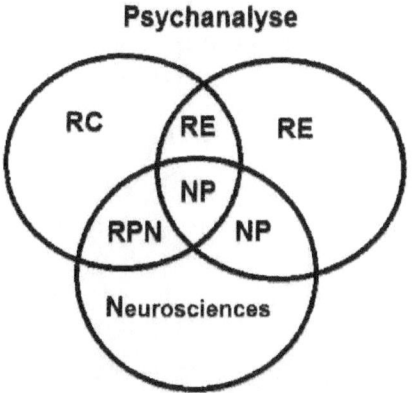

RC = Recherches clinique et conceptuelle en psychanalyse

RE = Recherche empirique en psychanalyse

NP = Neuropsychanalyse

RPN = Rapprochement entre psychanalyse et neurosciences

Le cœur de la psychanalyse est certainement l'espace « RC », celui des recherches clinique et conceptuelle. Cet espace, occupé pendant plus d'un siècle par des centaines de psychanalystes œuvrant dans l'intimité, est celui qui a suscité l'intérêt des intellectuels, philosophes, des poètes, des écrivains, cinéastes. Les résultats de ces recherches ont eu dans les années soixante et septante une grande force d'innovation dont les effets ont marqué toute une génération et ont permis à la psychanalyse d'atteindre un niveau d'acceptation sociale qu'elle n'avait jamais connu avant et qu'elle n'a plus connu après. La méthode fondamentale qui caractérise ces recherches est la méthode critico-herméneutique. C'est cette méthode qui a également permis les intenses échanges que la psychanalyse a connue à cette période avec la philosophie, la sociologie, les lettres, les sciences humaines ainsi qu'avec le monde du cinéma et de l'art. La psychanalyse, avec cette méthode, soutenait un désir de savoir émancipateur en rupture avec l'intérêt de savoir technique auquel était soumis la thérapie comportementaliste. Un tel regard émancipateur était également en rupture avec une certaine conception de la science et de la recherche qui prime l'empirisme et l'évaluation quantitative. Inutile alors d'engager la psychanalyse dans un dialogue avec les sciences naturelles, car ce serait une perte de temps et pourrait même s'avérer un danger pour la psychanalyse. L'espoir de Freud de voir un jour la psychanalyse rangée parmi les sciences naturelles, où les énoncés sont soumis à des protocoles de vérification expérimentale, a été interprété, selon les termes de Jürgen Habermas, comme un *malentendu scientiste*. Cet âge d'or de la psychanalyse fait désormais partie du passé. Nous assistons dans le paysage de la psychanalyse francophone au même déclin de la psychanalyse qui s'est produit aux États-Unis pendant les années 80. Plusieurs aspects ont caractérisé le déclin de la psychanalyse aux États-Unis. La théorie et la thérapie psychanalytiques étaient moins présentes dans les départements universitaires de psychiatrie. Le nombre des candidatures à la formation dans les instituts de psychanalyse avait drastiquement diminué. Le remboursement des traitements psychanalytiques par les assurances était menacé. Depuis quelques années, les progrès dans le domaine de la neuropsychanalyse ont permis de freiner ce processus de marginalisation de la psychanalyse, aux États-Unis, dans le monde académique et le domaine des fournisseurs de soins de santé. Grâce aux publications des recherches de la neuropsychanalyse dans des

121

revues neuroscientifiques, la théorie psychanalytique est reprise à nouveau dans le discours et la recherche psychologique, psychiatrique et neuroscientifique actuelle. De nombreux psychanalystes de la communauté neuropsychanalytique croissante obtiennent des fonds pour des recherches où on utilise des méthodes psychanalytiques pour étudier des notions psychanalytiques.

Depuis peu, on retrouve plusieurs indices dans le paysage francophone qui témoignent d'un fort déclin de la psychanalyse. Comme aux États-Unis dans les années 80, il y a une diminution importante du nombre des candidatures à la formation dans les instituts de psychanalyse et la théorie psychanalytique est en voie de disparition dans les milieux universitaires. Tout récemment, il y a une pétition qui circule intitulée « Pour l'enseignement de la psychanalyse dans les universités ». Cette pétition s'oppose à la disparition de l'orientation psychanalytique dans la nomenclature des formations en psychologie. Cette pétition évoque le danger de la disparition de l'enseignement de la psychanalyse et, plus particulièrement, elle souligne les aspects suivants : « faire disparaître son enseignement et l'attractivité de sa recherche serait non seulement priver les étudiants d'une formation professionnelle reconnue par leurs employeurs, mais reviendrait à faire disparaître un patrimoine intellectuel, à effacer l'histoire même d'une pratique et d'une théorie qui a contribué et contribue toujours au rayonnement culturel de la pensée en France et dans le monde ». Une pétition n'aura pas le pouvoir d'inverser un processus qui a amené à un tel état des choses. Ce qui peut arrêter ce processus et, voir même, provoquer une inversion de tendance est la mise en œuvre de ce que nous avons défendu dans cet ouvrage, notamment le concept de « coexistence ». Ce concept se réfère à la coexistence de programmes de recherches qui s'étendent du conceptuel vers l'empirique. La psychanalyse française s'est surtout spécialisée dans des recherches clinique et conceptuelle avec une prédilection vers les spéculations abstraites. Comme nous disions, à une certaine période de l'histoire de la psychanalyse française, cette recherche a représenté une force innovante considérable pour la théorie et pratique de la psychanalyse et un pôle d'attraction important pour les écrivains, artistes, les universitaires, etc. Sa force a diminué à l'intérieur comme à l'extérieur. Désormais, les seules recherches clinique et conceptuelle ne suffisent plus. Si la psychanalyse a une chance de survivre dans notre société de plus en plus exigeante envers les savoirs, elle doit renouer avec les autres savoirs. L'espace « RE », l'espace de la recherche empirique en psychanalyse, doit s'étendre également dans la psychanalyse française. C'est un espace qui ne doit plus rester confiné dans les pays anglo-saxons et germanophones. On peut également se poser la question si la psychanalyse peut survivre sans être soumise à des vérifications. Il y a plusieurs disciplines qui sont considérées comme des pseudosciences qui continuent à survivre. L'astrologie à laquelle personne n'accorde un statut sérieux continue à survivre. Il n'y a donc aucune raison à s'inquiéter sur la survie de la psychanalyse. En revanche, on est en droit de s'inquiéter sur les conditions dans lesquelles elle devra survivre. La psychanalyse ne disparaîtra probablement pas, mais si elle ne développe pas une coexistence de programmes de recherche, elle perdura comme un mouvement sectaire, dans la clandestinité.

Le diagramme que nous proposons visualise ce concept de coexistence, concept que nous voulons défendre dans cet ouvrage. Il y a une coexistence de plusieurs programmes et paradigmes de recherches. Cette coexistence reflète à la fois le fonctionnement des sciences comme il a été décrit par Thomas Kuhn à la fois l'idée actuelle de la science. Kuhn a attiré l'attention sur la constatation que dans une même discipline scientifique plusieurs écoles peuvent coexister qui abordent des problématiques communes à travers différents paradigmes. L'idée d'une science unique qui est régie par le système expérimental de la physique classique n'est plus partagée par la communauté scientifique. Les scientifiques sont de plus en plus confrontés à des problèmes complexes qui demandent une mise en réseau international, interdisciplinaire et intergénérationnel. Ainsi, on ne parle plus d'une science, mais d'une pluralité de science. Ces aspects s'appliquent également à la psychanalyse. Un siècle d'histoire de la psychanalyse a vu cohabiter plusieurs théories, souvent opposées entre elles, et différents paradigmes abordant les mêmes problématiques. Par exemple, la psychanalyse axée sur les pulsions et celle axée sur les relations d'objet sont bâties à partir de deux paradigmes différents. Au sein de ces deux paradigmes, plusieurs théories ont vu le jour. En ayant étendu le spectre de prise en charge des problématiques, les psychanalystes sont également confrontés à des problèmes complexes qui demandent une mise en réseau interdisciplinaire et intergénérationnel. Les connaissances élaborées par la neuropsychanalyse sont particulièrement utiles pour répondre aux exigences de ces nouvelles problématiques prises en compte par la psychanalyse.

La création d'un espace de recoupement occupé par la neuropsychanalyse, qui se situe dans les espaces « NP » de notre diagramme, ouvre les portes à un véritable dialogue entre deux disciplines séparées pendant des décennies et favorise effectivement un rapprochement entre les cliniciens et les chercheurs de différents domaines de savoirs impliqués dans la compréhension du fonctionnement psychique. Comme le soulignait Eric Kandel, ce rapprochement est profitable à la fois pour la psychanalyse, qui risque de se replier sur soi-même, à la fois pour les neurosciences, qui risquent de se couper du fonctionnement humain dans sa réalité subjective.

Pour conclure, nous soulignons l'importance d'une coexistence de programmes de recherche au sein de la psychanalyse, car l'avenir d'une discipline se mesure dans sa capacité à développer plusieurs programmes de recherches faisant référence à plusieurs méthodes de recherche et à sa capacité à s'engager dans des recherches en coopération avec d'autres disciplines, comme la philosophie, la psychologie sociale, les lettres, l'ethnopsychanalyse, etc. À ces disciplines, nous devons ajouter les neurosciences. Les enjeux théoriques et pratiques de la neuropsychanalyse dans le paysage francophone s'inscrivent dans ce processus de développement et diversification des programmes de recherche dans le domaine de la psychanalyse.

Chronologie

1891

Sigmund Freud publie son premier livre : *Sur la conception des aphasies*. Il est dédié à Josef Breuer.

1895

Entre septembre et début octobre 1895, Sigmund Freud rédige le manuscrit *L'Esquisse d'une psychologie scientifique* appartenant à la correspondance avec Wihelm Fliess.

1950

Publication à Londres du manuscrit de Freud de 1895 sous le titre *Entwurf einer Psychologie*.

1976

Karl Pribram et Merton Gill publient une étude de l'Esquisse intitulée *Freud's Project reascèse : preface to contemporary cognitive theory and neuropsychology*.

1983

Morton Reiser prononce un discours à la

conférence annuelle où la possibilité d'un rapprochement entre la psychanalyse et les neurosciences est évoquée pour la première fois aux États-Unis.

1986
Mark Solms publie un article où il propose le projet de réunir la psychanalyse et les neurosciences.

1990
Septembre — Arnold Pfeffer fonde le *Psychoanalysis Neuroscience Study Group* à l'institut psychanalytique de New York (NYPI) et organise les deux premières sessions de formation des psychanalystes en neurosciences.

1991
Pierre Fédida crée le *Centre d'études du vivant* où il propose des thèmes pour favoriser les échanges entre philosophes, psychanalystes, juristes biologistes et neurobiologistes.

1992
Dès 1990, un petit groupe de psychanalystes se réunit autour des docteurs Arnold Pfeffer et James Schwartz ayant comme objectif le développement des recherches interdisciplinaires concernant la psychanalyse et les neurosciences. En 1992, Mark Solms rencontre ce groupe d'études des neurosciences et de la psychanalyse — le *Psychoanalysis Neuroscience Study Group* (groupe

d'étude sur la psychanalyse et neurosciences) qui se tient à la New York Psychoanalytic Institute (la NYPI) (1)

1995

En novembre 1995 à New York, Robert M. Bilder organise une célébration du centenaire de l'Entwurf qui rassemble des psychanalystes, neurobiologistes, psychiatres et philosophes.

En mai 1995, un congrès international sur *Les écrits « pré-analytiques » de Freud : 1877-1900* est tenu à Gand où se sont retrouvés des spécialistes issus de différentes écoles et disciplines.

1995

Mark Solms publie un article qui expose le compte rendu de son travail de thèse sur le rêve.

Il y a la célébration du centenaire de l'Entwurf qui donne lieu à une rencontre entre psychanalystes, neurobiologistes, psychiatres et philosophes sur un thème freudien.

1998

Le Psychoanalysis Neuroscience Study Group devient « *Arnold Pfeffer Center for Neuro-Psychoanalysis* ».

Le futur prix Nobel de médecine Erik Kandel publie un article qui prône l'unité entre la psychanalyse et la psychiatrie biologique.

1999

Le nouveau périodique de neuropsychanalyse voit le jour, qui s'appelle « *Neuro-Psychoanalysis* ».

En 1999, Kandel publie la deuxième partie de son article où il affirme que la psychanalyse offre probablement le champ le plus intéressant pour les recherches neuroscientifiques futures.

2000

Du 21 au 23 juillet 2000, la première conférence internationale de neuropsychanalyse a lieu à Londres dans le *Royal College of Surgeons*, sous les auspices du Centre Anna Freud, autour du thème : *Perspectives neuroscientifiques et psychanalytiques sur l'émotion.* Lors du congrès à Londres, une société internationale de neuropsychanalyse, l'« *International Neuro-Psychoanalysis Society* » (INPS) est fondée. Elle vise à promouvoir le travail interdisciplinaire entre la psychanalyse et les neurosciences, James Schwartz devient premier Président Honoraire. Jaak Panksepp est, avec Solms, le coprésident de l'International Neuro-Psychoanalysis Society.

En juillet, il y a la création du site internet de L'INTERNATIONAL NEURO-PSYCHOANALYSIS SOCIETY.

2001

La création du second « Sous comité pour la Recherche Clinique, Conceptuelle, Epistémologique et Historique » de l'IPA.

2002

Le terme « neuropsychanalyse » est pour la première fois médiatisée en apparaissant dans les rubriques nécrologiques du New York Times et de Time Magazine consacrées à la disparition d'Arnold Z. Pfeffer le 27 janvier 2002 à l'âge de 86 ans.

2005

10 février, une journée consacrée au « Concept anglo-saxon de neuropsychanalyse : intérêts et limites » est organisée par Lisa Ouss, Daniel Widlöcher et Bernard Golse.

2006

Naissance du CNEP, le « Cercle de Neuropsychologie et de Psychanalyse, » qui réunit des cliniciens et chercheurs de disciplines différentes leur permettant d'échanger leurs connaissances et leurs pratiques. D. Widlöcher, C. Fayada et L. Ouss fondent à la Salpêtrière le Cercle de Neuropsychologie et Psychanalyse.

2009

On enlève, après 10 ans, le trait d'union au titre de la revue « Neuro-psychoanalysis » qui devient « Neuropsychoanalysis ».

2010

François Ansermet et Pierre Magistretti, avec Christian de Saussure, donnent naissance à la

Fondation Agalma.

Bibliographie

134

Bibliographie

Abbass A., Hancock J., Henderson J., Kisely S. (2006), Short-term psychodynamic psychotherapies for common mental disorders, Cochrane Database of systematic Rewiew, Issue 4, Article 4 CD.

Ansermet F., Magistretti P. (2004), À chacun son cerveau. Plasticité neuronale et inconscient, Odile Jacob.

Balay J., Shevrin H. (1988), The subliminal psychodynamic activation method: A critical review, American Psychologist, 43, 161-174.

Bateman, Fonagy P. (1999), Effectiveness of partial hospitalization in the treatment of borderline personality disorder: a randomized controlled trial, Am. J. Psychiatry.

Bazan A. (2007), Des fantômes dans la voix. Une hypothèse neuropsychanalytique sur la structure de l'inconscient, Montréal, Éditions Liber, Collection Voix Psychanalytiques.

Bazan A. (2009), L'objet d'une science neuro-psychanalytique, IN : Georgieff N., Golse B., Ouss L., Widlöcher D. (sous dir.), VERS UNE NEUROPSYCHANALYSE ?, Odile Jacob, 2009.

Bazan A., Van Draege K., De Kock L., Brakel

L.A.W., Geerardyn F., Shevrin H. (2013), Empirical evidence for primary process mentation in acute psychosis, Psychoanalytic Psychology, 30 (1), 57-74.

Blass R. B., Zvi C. (2008), Plaidoyer contre la neuropsychanalyse, L'Année psychanalytique internationale, 2008/1, Volume 2008.

Bonnet G. (2005), Comment peut-on être psychanalyste ?, L'Esprit du Temps, p. 87.

Bornstein R. F. (1990), Critical importance of stimulus unawareness for the production of subliminal psycho dynamic activation effects: A meta-analytic review, Journal of Clinical Psychology, 46, 201-210.

Bouveresse J. (1999), Prodiges et vertiges de l'analogie, Raisons d'agir Editions, p. 38.

Brakel L.A.W., Shevrin H., Villa K.K. (2002), The priority of primary process categorizing: experimental evidence supporting a psychoanalytic developmental hypothesis. Journal of the American Psychoanalytic Association, 50, 483–505.

Brakel L.A.W., Shevrin H., Villa K.K. (2002), The priority of primary process categorizing: experimental evidence supporting a psychoanalytic developmental hypothesis, Journal of the American Psychoanalytic Association, 50, 483–505.

Brakel L.A.W., Shevrin H., Villa K.K. (2002), The priority of primary process categorizing: experimental evidence supporting a psychoanalytic developmental hypothesis, Journal of the American Psychoanalytic Association, 50, 483–505.

Brakel L.A.W., Kleinsorge S., Snodgrass M., Shevrin H. (2000), The primary process and the unconscious: experimental evidence supporting two psychoanalytic presuppositions, International Journal of Psychoanalysis, 81, 553–569.

Brakel L.A.W., Kleinsorge S., Snodgrass M., Shevrin H. (2000), The primary process and the unconscious: experimental evidence supporting two psychoanalytic presuppositions, International Journal of Psychoanalysis, 81, 553–569.

Braun A., Balkin T., Wesenten N., Carson R., Varga M., Baldwin P. et coll. (1997), Regional cerebral blood flow throughout the sleep-wake cycle, Brain, 120, 1173– 1197.   Braun, A., Saxena S., Schwartz J.M., Stoessel P.W., Maidment K., Phelps M.E., Baxter L.R. (1998), FDG-PET predictors of response to behavioural therapy and pharmacotherapy in obsessive compulsive disorder, Psychiatry Research, 84:1-6.

Carhart-Harris R. & al. (2012), Neural correlates of the psychedelic state as determined by fMRI studies with psilocybin, PNAS 109(6):2138-2143.

Carhart-Harris R. (2007), Waves of the unconscious. The neurophysiology of dreamlike phenomena and its implications for the psychodynamic model of the mind. Neuropsychoanalysis 9 (2):183-211.

Coriat, I. (1917). Some statistical results of the psychoanalytic treatment of the psychoneuroses. Psychoanalytic Review, 4: 209– 216.

Dauber R. (1984), Subliminal psychodynamic activation in depression: on the role of autonomy issues in depressed college women. Journal of Abnormal Psychology, 93, 9-16.

De Maat S., De Jonghe F., Schoevers R., Dekker J. (2009), The effectiveness of long term psychoanalytic therapy: A systematic reviewof empirical studies, Harvard Review of Psychiatry, 17, 1–23.

Emde R. (1999), Une progression : les influences intégratrices des processus affectifs sur le développement et en psychanalyse, trad. fr., *REVUE FRANÇAISE DE PSYCHANALYSE,* 1/1999, pp. 189-216.

Fayada C. (2006), Repères pour une psychothérapie psychanalytique en psychopathologie neurologique. Une exigence éthique et un challenge paradigmatique des liens entre neuropsychologie, cognition sociale et psychanalyse, *NEUROSPY NEWS,* 5, 3, 104-109.

Fédida P. (2000), Le canular de la neuropsychanalyse, La Recherche 2000, HS3 : 101.

Fenichel, O. (1930). Statistischer Bericht über die therapeutische Tätigkeit 1920-1930, In: Zehn Jahre Berliner Psychoanalytisches Institut. Wien: Verlag Internationale Psychoanalyse, 13–19.

Fonagy P., Steele M., Steele H., Leigh T., Kennedy R., Mattoon G., Target M. (1995), Attachment, the reflective self, and borderline states: The predictive specificity of the Adult Attachment Interview and pathological emotional development, in : S. Goldberg, R. Muir, And J. Kerr (Eds.), Attachment theory: Social, developmental and clinical perspectives, pp. 233-278, New York: Analytic Press.

François Jacques, La médiatisation croissante du

vocabulaire des neurosciences, Cah. Lexicol. 98, 2011-1, p. 235-255.

Freud S. (1900), L'interprétation du rêve, Œuvres complètes, Vol. IV, PUF, 2003.

Freud S. (1922), « *Psychanalyse, Théorie de la Libido* ». Encyclopédie Britannica.

Freud S. (1923), Le moi et le ça, in : Œuvres complètes, XVI, Presses Universitaires de France, 1991.

Freud se réfère aux expériences de Pötzl dans une note ajoutée à sa révision de 1919 de son *Interprétation des Rêves*.

Gadamer H. G., Vérité et méthode, trad. fr., Seuil, Paris, 1976.

Green A., Revue Française de psychanalyse, 1992, 2, p.507.

Grünbaum A. (1984), Les fondements de la psychanalyse. Une critique philosophique, PUF, 1996.   Harmann E., Russ D., Oldfiedk M., Falke R., Skoff B. (1980), Dream content : Effects of L-DOPA, Sleep Research, 9:153.

Johnson B. (2001), Drug dreams, a neuropsychoanalytic hypothesis, Journal of the American Psychoanalytic Association, 49: 75–96.

Johnson B. (2003), Commentary on "Understanding Addictive Vulnerability", in : Neuropsychoanalysis, An Interdisciplinary Journal for Psychoanalysis and the Neurosciences, Vol. 5, Issue.

Jouvet M. (1967), Neurophysiology of the states of sleep, Physiological Reviews, 47:117-177.

Judd Marmor, cité d'après Hans Jürgen Eysenck : Déclin et chute de l'Empire Freudien, De Guibert, 1985, p. 124.

Kandel E. (1998), A new intellectual framework for psychiatry, Am J Psychiatry, 1998;155:457–69.

Kandel E. (1999), Biology and the future of psychoanalysis: a new intellectual framework for psychiatry revisited. American Journal of Psychiatry ,156, 4, 505-524. Traduction : Un nouveau cadre conceptuel de travail pour la psychiatrie, Evol. Psychiatr 2002 ; 67 (1) : 1-278.

Kandel E.R. (1997), Un nouveau cadre conceptuel de travail pour la psychiatrie, Evol. Psychiatr. 2002, 67 (1) : 1-278.

Kaplan-Solms K., Solms M. (2000), Clinical Studies in Neuro-Psychoanalysis, Karnac Books.

Knapp, P.H., Levin, S., McCarter, R.H., Wermer, H., Zetzel, E. (1960). Suitability for psychoanalysis: A review of one hundred supervised analytic cases. Psychoanalytic Quarterly, 29:459–477.

Knight, R.P. (1941). Evaluation of the results of psychoanalytic psychotherapy. American Journal of Psychiatry, 98: 434–446.

Lacan J., L'étourdit, in : Autres écrits, Editions du Seuil, 2001.

Laurent E. (2008), Lost in cognition : Psychanalyse et sciences cognitives, ed. C. Defaut, coll. Psyché.

Leichsenring F., Rabung S. (2008), The effectiveness of long-term psychodynamic psychotherapy: a meta-analysis, Journal of the American Medical Association (JAMA). Lief E.R. (1992), Preliminary guidelines for single-case research, Modern Psychoanalysis, 17:231–250.

Leichsenring F., Rabung, S., Leibing E. (2004), The efficacy of short-term psychodynamic psychothérapy in specific psychiatry disorders: A meta-analysis, Archives of General Psychiatry, 61, 1208-1216.

Malaguarnera S. (2006), Théorisations psychanalytiques sur l'autisme et la psychose infantile, et l'école du Quotidien, Publibook.

Malaguarnera S. (2010), Critique du *Crépuscule d'une idole* de Michel Onfray, InLibroVeritas.

Malaguarnera S. (2016), Dictionnaire de neuropsychanalyse, CreateSpace Independent Publishing Platformpp.

Mancia M. (2004), L'inconscient non refoulé dans le processus analytique, Intervention aux journées de la SEPEA.

Mayer C., Borch-Jacobsen M., Cottraux J., Pleux D., Van Rillaer J. et al., *Le livre noir de la psychanalyse*, France, Les Arènes, 2005.

Mendelson, E. M., Silverman, L. H. (1982), Effects of stimulating psychodynamically relevant unconscious fantasies on schizophrenic pathology. Schizophrenia Bulletin, 8, 532-547.

Mendelson, E. M., Silverman, L. H. (1982), Effects of stimulating psychodynamically relevant unconscious fantasies on schizophrenic pathology. Schizophrenia Bulletin, 8, 532-547.

Nietzsche F., *Par-delà bien et mal: [Suivi de] La généalogie de la morale*, Paris, Gallimard, 1979.

Nilsson T., Svensson M., Sandell R., Clinton D. (2007,2008), Patients' experiences of change in cognitive-behavioral therapy and psychodynamic therapy: a qualitative comparative study, Psychotherapy Research.

Norman, H.F., Blacker, K.H., Oremland, J.D., Barrett, W.G. (1976). The fate of the transference neurosis after termination of a satisfactory analysis. Journal of the American Psychoanalytic Association, 24:471–498.

Onfray M. (2010), *Le crépuscule d'une idole. L'affabulation freudienne*, Grasset.

Onfray M. (2010), *Le crépuscule d'une idole. L'affabulation freudienne*, Grasset.

Oppenheim-Gluckman H. (2000), *LA PENSEE NAUFRAGEE. CLINIQUE PSYCHOPATHOLOGIQUE DES PATIENTS CEREBROLESES*, Paris, Anthropos, 174 p.

Ouss-Ryngaert L. (1995), Quelle place a la psychothérapie dans les troubles affectifs des lésions cérébrales ?, *ACTES DU CONGRÈS DE PSYCHIATRIE ET NEUROLOGIE DE LANGUE FRANÇAISE*, IV, 61-68, 2006.

Ouss-Ryngaert L. (2007), Impact des neurosciences sur la pratique psychanalytique : la double lecture comme clinique « neuropsychanalytique », Revue française de Psychanalyse, 2, 419-436.

Pfeffer, A.Z. (1959). A procedure for evaluating the results of psychoanalysis - A preliminary report. Journal of the American Psychoanalytic Association, 7:418–444.

Popper K. (1953), Conjectures et réfutations, La croissance du savoir scientifique, 1985, Payot.

Popper K. (1953), Conjectures et réfutations, La croissance du savoir scientifique, 1985, Payot, pp. 64-65.

Roussillon R. (2009), Associativity and non verbal language, Psychoanalysis in Europe, N°63, pp. 157-175, Comgraphic, Barcelone.

Ryngaert L., Fayada C., Benoît N., Jonas S., Volpe L., Bakchine S. (1997), Quelle prise en charge psychothérapique des adolescents cérébrolésés ?, NEUROPSYCHIATRIE DE L'ENFANCE ET DE L'ADOLESCENCE, 7-8, 402-404.

Saporta J. (2003), Synthesizing psychoanalytic and biological approaches to trauma : Some theoretical proposals, Neuro-Psychoanalysis, 5 (1), 97-110.

Sashin, J.I., Eldred, S.H., Van Amerongen, S.T. (1975). A search for predictive factors in institute supervised cases: A retrospective study of 183 cases from 1959–1966 at the Boston Psychoanalytic Society and Institute. International Journal of Psycho-Analysis, 56:343–359.

Schlessinger, N. (2008). Psychoanalysis as an empirical interdisciplinary science, ed. by Patrizia Giampieri-Deutsch.

Schore A. N. (1994), Affect regulation and the

repair of the self : The neurobiology of emotional development, Hillsdale (NJ), Erlbaum, 363 p.

Semi A.A. (a cura di) (1988), Trattato di psicoanalisi, Vol. I. e II, Cortina.

Shedler J. (2010), The efficacy of Psychodynamic Psychotherapy, American Psychologist, 65 (2), 98 – 109.

Shevrin H. et coll. (2013), Subliminal unconscious conflict alpha power inhibits supraliminal conscious symptom experience, Front Hum Neurosci., 2013, 7: 544.

Shevrin H., Fisher C. (1967), Changes in the effects of a waking subliminal stimulus as a function of dreaming and non-dreaming sleep, Journal of Abnormal Psychology, 72,4, 362-368.

Shevrin H., J. Bond, Brakel L., R. Hertel, Williams W. (1996), processus conscients et inconscients : Convergences psychodynamiques, cognitives et neuro-physiologiques, New York : Guilford Press.

Shevrin H., Bond J., Brakel L., Hertel R., Williams W. (1996), Conscious and unconscious processes : psychodynamic, cognitive and neuro-physiologic convergences, New York, Guilford Press.

Shevrin H., Snodgrass M., Brakel L.A., Kushwaha R., Kalaida N.L., Bazan A. (2013), Subliminal unconscious conflict alpha power inhibits supraliminal conscious symptom experience, 2013 Sept. 5, 7 : 544.

Shevrin, H. (1992), The Freudian unconscious and the cognitive uncoscious: Identical or fraternal twins?, in : Barron J., Eagle M., Wolitzky D., editors, Interface of Psychoanalysis and Psychology, pages 313–326, American Psychological Association.

Shevrin, H. (2001), Event-related markers of unconscious processes, International Journal of Psychophysiology, 42(2):209–218.

Shevrin, H., Fritzler, D. (1968), Visual evoked response correlates of unconscious mental processes, Science, 161:295–298.

Silverman L. H. (1987), Imagery as an aid to working through unconscious conflicts: A preliminary report, Psychoanalytic Psychology, 4, 45-64.

Silverman L. H. (1987), Imagery as an aid to working through unconscious conflicts: A preliminary report, Psychoanalytic Psychology, 4, 45-64.

Silverman L. H., Weinberger J. (1985), Mommy and I are one: Implications for psychotherapy, American Psychologist, 40, 1296-1308.

Snodgrass M., Shevrin H. (2006), Unconscious inhibition and facilitation at the objective detection threshold: replicable and qualitatively different unconscious perceptual effects, Cognition, 2006 Aug, 101(1):43-79.

Solms M. (1997), The neuropsychology of dreams: a clinico-anatomical study, Hillsdale, Lawrence Erlbaum.

Solms M., Panksepp J. (2012), The "Id" Knows More than the "Ego" Admits: Neuropsychoanalytic and Primal Consciousness Perspectives on the Interface Between Affective and Cognitive Neuroscience, Brain Sci., 2012, 2, 147-175.

Solms M., Turnbull O. (2002), Le cerveau et le monde interne, PUF, 2015.

Weber, J.J., Bachrach, H.M., Solomon, M. (1985a). Factors associated with the outcome of psychoanalysis: Report of the Columbia Psychoanalytic Center Research Project (II). International Review of Psycho-Analysis, 12:127-141.

Weber, J.J., Solomon, M., Bachrach, H.M. (1985). Characteristics of psychoanalytic clinic patients: Report of the Columbia Psychoanalytic Center Research Project (I). International Review of Psycho-Analysis, 12:13-24.

Yovell Y., Solms M., Fotopoulou A. (2015), The Case for Neuropsychoanalysis. Why a dialogue with neuroscience is necessary but not sufficient for psychoanalysis, Int J. Psychoanal., Dec. 2015.

Choix bibliographique

Ansermet F., Magistretti P. (2004), À chacun son cerveau. Plasticité neuronale et inconscient, Odile Jacob.

Bazan A. (2007), Des fantômes dans la voix. Une hypothèse neuropsychanalytique sur la structure de l'inconscient, Montréal, Éditions Liber, Collection Voix Psychanalytiques.

Georgieff N., Golse B., Ouss L., Widlöcher D. (sous dir.), VERS UNE NEUROPSYCHANALYSE?, Odile Jacob, 2009.

Malaguarnera S. (2016), Dictionnaire de neuropsychanalyse, CreateSpace Independent Publishing Platformpp.

Solms M., Turnbull O. (2002), Le cerveau et le monde interne, PUF, 2015.

Publications antérieures

Théorisations psychanalytiques sur l'autisme
et la psychose infantile, et l'École
du Quotidien.
Publibook, 2006.

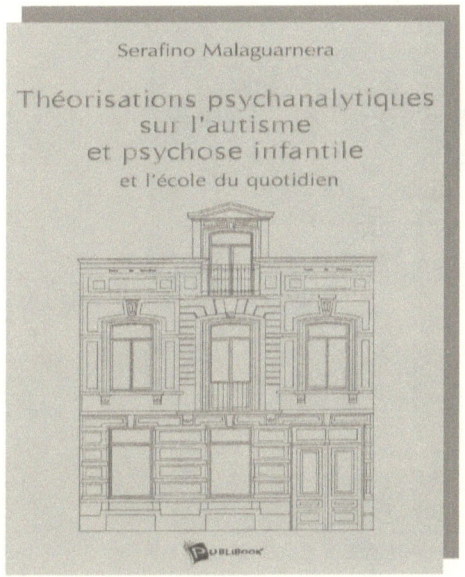

L'anorexie face au miroir.
Le déclin de la fonction paternelle.
L'Harmattan, 2010.

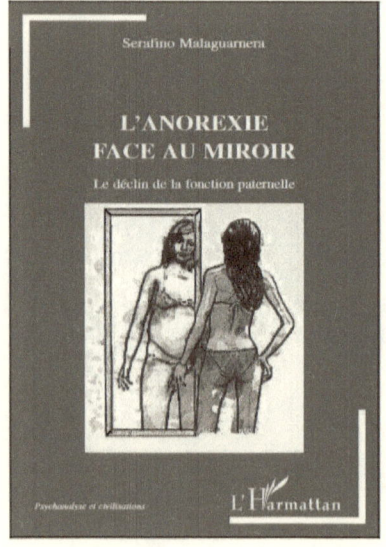

Dictionnaire de neuropsychanalyse.
CreateSpace Independent Publishing Platform
2016

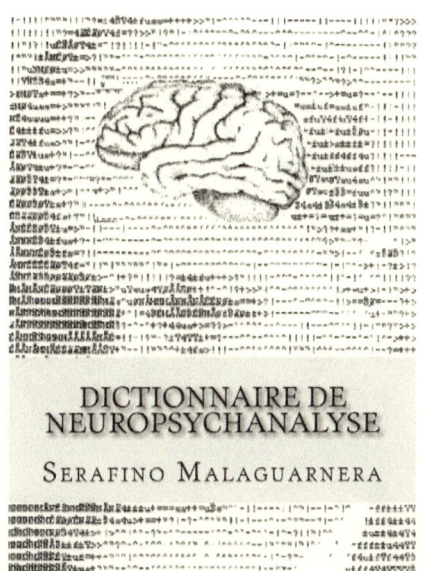

Achevé d'imprimer, à la demande, à partir de mai 2017,
sur les presses de CreatSpace.